Boîte à outils de l'OCDE sur le contrôle et la mise en œuvre de la réglementation

Cet ouvrage est publié sous la responsabilité du Secrétaire général de l'OCDE. Les opinions et les arguments exprimés ici ne reflètent pas nécessairement les vues officielles des pays membres de l'OCDE.

Ce document, ainsi que les données et cartes qu'il peut comprendre, sont sans préjudice du statut de tout territoire, de la souveraineté s'exerçant sur ce dernier, du tracé des frontières et limites internationales, et du nom de tout territoire, ville ou région.

Merci de citer cet ouvrage comme suit :
OCDE (2019), *Boîte à outils de l'OCDE sur le contrôle et la mise en œuvre de la réglementation*, Éditions OCDE, Paris, *https://doi.org/10.1787/705e3dc1-fr*.

ISBN 978-92-64-60049-2 (imprimé)
ISBN 978-92-64-71751-0 (pdf)

Les données statistiques concernant Israël sont fournies par et sous la responsabilité des autorités israéliennes compétentes. L'utilisation de ces données par l'OCDE est sans préjudice du statut des hauteurs du Golan, de Jérusalem-Est et des colonies de peuplement israéliennes en Cisjordanie aux termes du droit international.

Crédits photo : Couverture © EtiAmmos/Shutterstock.com.

Les corrigenda des publications de l'OCDE sont disponibles sur : *www.oecd.org/about/publishing/corrigenda.htm*.
© OCDE 2019

La copie, le téléchargement ou l'impression du contenu OCDE pour une utilisation personnelle sont autorisés. Il est possible d'inclure des extraits de publications, de bases de données et de produits multimédia de l'OCDE dans des documents, présentations, blogs, sites internet et matériel pédagogique, sous réserve de faire mention de la source et du copyright. Toute demande en vue d'un usage public ou commercial ou concernant les droits de traduction devra être adressée à *rights@oecd.org*. Toute demande d'autorisation de photocopier une partie de ce contenu à des fins publiques ou commerciales devra être soumise au Copyright Clearance Center (CCC), *info@copyright.com*, ou au Centre français d'exploitation du droit de copie (CFC), *contact@cfcopies.com*.

Avant-propos

Sans réglementation, les économies et les sociétés ne sauraient fonctionner correctement. C'est la réglementation qui fixe les « règles du jeu » aux particuliers, aux entreprises, aux administrations publiques et à la société civile. La réglementation sous-tend le fonctionnement du marché, protège les droits et la sécurité des citoyens et garantit la fourniture des biens et services publics. L'objectif de la politique réglementaire est de veiller à ce que les textes et dispositifs réglementaires œuvrent efficacement à la préservation de l'intérêt général.

La conception de la réglementation joue un rôle crucial dans la qualité du cadre réglementaire applicable aux entreprises et aux particuliers et dans les réalisations obtenues. Cependant, la mise en œuvre et l'application des textes, mais aussi la façon dont le respect des textes est assuré et favorisé, jouent-elles aussi un rôle déterminant dans le bon fonctionnement du cadre réglementaire.

Les inspections constituent l'un des principaux instruments employés pour mettre en application la réglementation et veiller à son respect. Comme l'ont déjà montré les *Principes de bonnes pratiques de l'OCDE pour la politique de la réglementation* (OCDE, 2014[1]), la question des inspections soulève un certain nombre de problématiques communes qui valent pour la totalité ou la majorité des secteurs inspectés. Ces problématiques incluent la planification des inspections, l'amélioration de leur ciblage, la communication avec les acteurs encadrés, la prévention de la corruption, la promotion des comportements conformes à l'éthique ainsi que l'organisation des inspections et la gouvernance des autorités d'inspection.

La présente *Boîte à outils de l'OCDE sur le contrôle et la mise en œuvre de la réglementation* propose une liste de 12 critères visant à aider les responsables officiels, les régulateurs, les parties prenantes et les experts à évaluer le niveau de développement du système d'inspection et de mise en application d'un territoire donné ou d'une institution ou structure spécifique, afin de diagnostiquer les forces et les faiblesses de ce système et les améliorations qui pourraient y être apportées.

Cette Boîte à outils s'inscrit dans le prolongement des travaux déjà menés par l'OCDE pour promouvoir la réforme de la réglementation et la mise en œuvre de bonnes pratiques réglementaires à l'échelle de l'ensemble de l'administration. Le corpus d'informations et d'expériences accumulé par l'Organisation a été synthétisé au sein de la *Recommandation du Conseil de l'OCDE concernant la politique et la gouvernance réglementaires* (OCDE, 2012[2]).

Remerciements

Les principes qui suivent ont été établis par Daniel Trnka, analyste principal des politiques à l'OCDE, en coopération avec Florentin Blanc, consultant et spécialiste de la réforme des inspections d'entreprises, sous la supervision de Nick Malyshev, chef de la Division de la politique de la réglementation, et de Marcos Bonturi, Directeur de la Direction de la gouvernance publique de l'OCDE. Jennifer Stein a coordonné le processus éditorial. Les auteurs adressent leurs remerciements à l'ensemble des délégués auprès du Comité de la politique de la réglementation et des membres du Réseau des régulateurs économiques, qui ont formulé de nombreux commentaires et contribué aux versions successives de cette Boîte à outils.

Des commentaires détaillés et utiles ont aussi été recueillis dans le cadre de consultations publiques, notamment auprès du ministère espagnol des Finances et de la Fonction publique ; du ministère néerlandais des Affaires économiques et du Climat ; du gouvernement japonais ; de la Commission de régulation de l'énergie (France) ; de l'Institut national brésilien de métrologie, de qualité et de technologie (Inmetro) ; de Paul van Dijk, Mindert Mulder et Rob Velders (Pays-Bas) ; et de Aute Kasdorp, Supervision Strategy (Pays-Bas).

Table des matières

Résumé 7
Introduction 9
Critère 1. Mise en application fondée sur l'observation 13
Critère 2. Sélectivité 17
Critère 3. Démarche axée sur les risques et la proportionnalité 21
Critère 4. Réactivité de la réglementation 25
Critère 5. Vision à long terme 29
Critère 6. Coordination et intégration 31
Critère 7. Transparence de la gouvernance 35
Critère 8. Mise à profit de l'information 39
Critère 9. Clarté et équité des procédures 42
Critère 10. Promotion du respect de la réglementation. 45
Critère 11. Professionnalisme 49
Critère 12. Performances effectives 52
Références 55

Résumé

La *Boîte à outils de l'OCDE sur le contrôle et la mise en œuvre de la réglementation* s'inspire des *Principes de bonnes pratiques de l'OCDE pour la politique de la réglementation* (OCDE, 2014[1]). Elle offre aux responsables officiels, aux régulateurs, aux parties prenantes et aux experts – y compris le Secrétariat de l'OCDE lui-même – un outil simple pour évaluer le niveau de développement du système d'inspection et de mise en application d'un territoire donné ou d'une institution ou structure spécifique, afin de diagnostiquer les forces et les faiblesses de ce système et les améliorations qui pourraient y être apportées.

Le présent document énonce une liste de 11 critères inspirés des 11 *Principes de bonnes pratiques de l'OCDE pour la politique de la réglementation* (OCDE, 2014[1]), plus un douzième critère relatif aux « performances effectives » des institutions chargées des inspections et de la mise en application. Pour plus de facilité d'emploi, chacun de ces critères est subdivisé en sous-critères.

Les 12 critères inspirés des Principes de bonnes pratiques sont les suivants :

1. **Mise en application fondée sur l'observation.** La mise en application de la réglementation et les inspections devraient reposer sur des éléments probants et des éléments mesurables : le choix de ce qu'il convient d'inspecter et des modalités de l'inspection devrait se fonder sur des données et des éléments probants, et les résultats devraient être évalués régulièrement.

2. **Sélectivité.** La tâche consistant à promouvoir le respect de la réglementation et à faire respecter les règles devrait être laissée aux forces du marché, au secteur privé et à la société civile, dans toute la mesure du possible ; les inspections et la mise en application ne sauraient constituer une solution omniprésente valable pour toutes les situations, et il existe bien d'autres moyens d'atteindre les objectifs de la réglementation.

3. **Démarche axée sur les risques et proportionnalité.** Il faut que la mise en application soit fondée sur les risques et proportionnée : la fréquence des inspections et les ressources mobilisées devraient être proportionnées au niveau de risque, et les mesures de mise en application devraient avoir pour objectif de réduire le risque réellement présenté par les manquements.

4. **Réactivité de la réglementation.** La mise en application de la réglementation devrait être fondée sur les principes de la « réglementation réactive », c'est-à-dire que les mesures d'inspection et de mise en application devraient être modulées en fonction du profil et du comportement de chaque entreprise.

5. **Vision à long terme.** Les pouvoirs publics devraient adopter des politiques en matière de mise en application de la réglementation et d'inspections et se doter de dispositifs institutionnels assortis d'objectifs clairs et d'une stratégie à long terme.

6. **Coordination et intégration.** Les fonctions d'inspection devraient être coordonnées et, si nécessaire, intégrées : la réduction des redondances et des chevauchements permettra de faire un meilleur usage des ressources publiques, d'alléger la charge imposée aux acteurs encadrés et de maximiser l'efficacité.

7. **Transparence de la gouvernance.** Les structures de gouvernance et les politiques des ressources humaines en matière de mise en application de la réglementation devraient favoriser la transparence, le professionnalisme et un mode de gestion axé sur les résultats. La mise en application de la réglementation devrait être exécutée de façon indépendante par rapport à toute influence politique, et les efforts déployés pour promouvoir le respect de la réglementation devraient être récompensés.

8. **Mise à profit de l'information.** Les technologies de l'information et des communications devraient être employées de façon à maximiser la prise en compte des risques, la coordination et le partage de l'information, et à assurer une utilisation optimale des ressources.

9. **Clarté et équité des procédures.** Les pouvoirs publics devraient veiller à la clarté des règles et des procédures de mise en application et d'inspection. Il convient d'adopter et de faire connaître des règles cohérentes pour l'organisation des inspections et de la mise en application, et d'énoncer clairement les droits et les obligations des agents publics et des entreprises.

10. **Promotion du respect de la réglementation.** Il convient de promouvoir la transparence et le respect de la réglementation en recourant à des instruments appropriés tels que lignes directrices, boîtes à outils et listes de référence.

11. **Professionnalisme.** La formation et l'encadrement des inspecteurs devraient garantir le professionnalisme, l'intégrité, la constance et la transparence. Cela implique une formation approfondie, axée non seulement sur des compétences techniques mais aussi sur des compétences générales en matière d'inspection, et des directives officielles à l'intention des inspecteurs afin de garantir la constance et l'équité.

12. **Performances effectives.** Les institutions chargées de la mise en application et des inspections, ainsi que le système de mise en application et d'inspection dans son ensemble, devraient produire les niveaux de performance attendus – en termes de satisfaction des parties prenantes, d'efficience (comparaison coûts/avantages) et d'efficacité globale (sécurité, santé, protection de l'environnement, etc.).

La Boîte à outils est conçue pour évaluer la situation de fait d'un pays ou d'une institution. À cette fin, et pour faire le meilleur usage de cette Boîte à outils, les pays et institutions examinés devraient fournir des éléments probants montrant qu'ils satisfont à chaque sous-critère. Ces éléments peuvent être des documents officiels, des descriptions des dispositifs institutionnels en place ou encore des données concrètes sur les inspections et leurs résultats.

Introduction

La *Boîte à outils de l'OCDE sur le contrôle et la mise en œuvre de la réglementation* se fonde sur les *Principes de bonnes pratiques de l'OCDE pour la politique de la réglementation* (OCDE, 2014[1]). Elle a pour objet de compléter ces Principes afin d'offrir aux responsables officiels, aux régulateurs, aux parties prenantes et aux experts, ainsi qu'au Secrétariat de l'OCDE lui-même, un outil simple pour évaluer le niveau de développement du système d'inspection et de mise en application d'un territoire donné ou d'une institution ou structure spécifique, afin de diagnostiquer les forces et les faiblesses de ce système et les améliorations qui pourraient y être apportées.

Cette Boîte à outils n'a aucune valeur contraignante pour les pays de l'OCDE. Nous sommes conscients que, d'un territoire à l'autre, la mise en application de la réglementation est organisée de façon nettement différente. Dans de nombreux territoires, les compétences en la matière sont partagées entre l'administration centrale et les administrations infranationales, parfois avec une autonomie partielle ou complète par rapport à l'échelon central. Pour évaluer les systèmes de mise en application et d'inspection à la lumière de cette Boîte à outils, il faut tenir compte de ces différences et de ces spécificités. Toutefois, la Boîte à outils devrait offrir un outil universel et suffisamment souple d'évaluation et d'autoévaluation[1]. Nous espérons qu'au cours du processus de mise à l'essai de la Boîte à outils, celle-ci sera enrichie par des exemples de bonnes pratiques afin de répondre à certains sous-critères.

On trouvera dans le présent document une liste de référence de 12 critères correspondant aux 11 Principes de bonnes pratiques de l'OCDE pour la politique de la réglementation, plus un douzième critère relatif aux « performances effectives » des institutions chargées des inspections et de la mise en application. Pour plus de facilité d'emploi, chacun de ces critères est subdivisé en sous-critères.

Il est complexe d'évaluer les institutions et les systèmes d'inspection et de mise en application des textes; il faut, pour cela, s'intéresser aux textes, aux structures institutionnelles, au personnel et aux pratiques en place dans divers domaines réglementaires, secteurs, etc. De plus, il est souvent difficile de traduire un critère en indicateurs directement mesurables et, même lorsque c'est possible, les données ne sont pas toujours faciles à obtenir. L'utilisation de cette liste de référence et de ses différents indicateurs implique donc un degré important de jugement autorisé, et la démarche est plus « qualitative » que « quantitative ». Pour rendre cette liste fiable et simple d'utilisation, les sous-critères ont été définis aussi précisément que possible, en détaillant la manière de les comprendre et d'évaluer leur satisfaction.

---

[1] Quand il existe des accords internationaux, des normes ou des recommandations à l'usage des pouvoirs publics relativement au système d'inspection et de mise en application au sein d'un secteur spécifique, ces dispositions l'emportent sur la présente Boîte à outils.

Un bon système d'inspection et de mise en application devrait viser à produire les meilleures réalisations possibles en termes de prévention ou d'atténuation des risques et de prospérité économique, de bien-être et d'intérêt général (OCDE, 2012[2]) (par exemple en améliorant la qualité de l'environnement, la sécurité et la santé publiques, la qualité de l'enseignement, etc.), sans alourdir de manière excessive les coûts pesant sur l'État ni la charge pesant sur les autres acteurs, et tout en suscitant la confiance et la satisfaction des différentes parties prenantes (entreprises, organisations de la société civile, etc.), dont les points de vue sont souvent divergents. Il est aussi difficile d'y parvenir que de le mesurer. Premièrement, les données sont souvent absentes ou d'une fiabilité douteuse, les méthodes de mesure comportant des limites. Deuxièmement, même quand les données sont disponibles et suscitent la confiance, les inspections et la mise en application n'ont que des effets très indirects sur les indicateurs qui seraient les plus pertinents au vu des objectifs de la réglementation.

Par exemple, la réglementation relative à la sûreté des aliments vise à réduire la mortalité et la morbidité liées aux intoxications alimentaires, mais les textes, les inspections et la mise en application sont loin d'être les seuls facteurs à influer sur la sûreté des aliments. Les inspecteurs ne préparent pas les aliments, et ils ne les consomment pas – la sécurité est donc entre les mains de l'ensemble des parties prenantes, y compris les producteurs, les distributeurs et les consommateurs. Les activités d'inspection et de mise en application ne peuvent que chercher à influer sur des comportements qui, eux-mêmes, contribueront aux buts recherchés. Il est donc difficile d'établir un lien direct entre des changements opérés au niveau des inspections et de la mise en application, et les évolutions intervenant au niveau des indicateurs clés de bien-être de la population.

Pour toutes ces raisons, il est important d'utiliser les différents critères et sous-critères ensemble, et non de façon isolée. Les bons résultats obtenus dans un domaine peuvent ne pas être réellement pertinents si les performances sont décevantes dans d'autres domaines. Une forte efficience peut ne pas être une bonne chose si elle implique une efficacité moindre – et une forte efficacité sans prise en compte des coûts n'est pas tenable.

Pour évaluer si un système ou une institution répond à un sous-critère donné, les utilisateurs de cette liste de référence peuvent avoir intérêt à préférer une échelle de notation à des réponses binaires. Si le sous-critère n'est rempli que très rarement ou dans une très faible mesure, ou s'il est rempli par une petite minorité de structures d'inspection et de mise en application, la note globale pourra être négative. Si le sous-critère est rempli par une proportion notable des institutions, mais qu'il est loin de l'être par toutes, ou si des aspects importants du sous-critère sont remplis, mais avec des lacunes importantes, la note pourra être intermédiaire. Si le sous-critère est rempli par une majorité écrasante des institutions ou dans la plupart des cas, ou si la plupart de ses aspects sont remplis (même si une certaine marge de progression existe), la note sera positive. Nous ne proposons pas ici de système de notation spécifique mais, en fonction du niveau de détail souhaité, on pourrait envisager au moins trois notes (insatisfaisant, moyen, satisfaisant) ou, pour plus de nuances, cinq notes (de très médiocre à très satisfaisant).

Définition de quelques notions clés

Conformément aux *Principes de bonnes pratiques de l'OCDE pour la politique de la réglementation*, la notion de mise en application s'entend dans son acception large, couvrant toutes les activités des organismes publics (ou autres structures habilitées par l'État) qui visent à promouvoir le respect de la réglementation et à atteindre ses objectifs – par exemple, réduire les risques en matière de sécurité, de santé et d'environnement ; veiller au bon fonctionnement de certains services publics comme la collecte des recettes fiscales ; protéger certains droits reconnus par la loi ; garantir la transparence des marchés, etc. Les activités de mise en application peuvent englober l'information, l'orientation et la prévention ; la collecte et l'analyse des données ; les inspections ; et les actions de mise en application au sens plus étroit – avertissements, notifications, amendes, poursuites, etc. Pour distinguer les deux acceptions de la notion de mise en application, l'expression « mise en application » correspondra ici au sens large de cette notion, tandis que le terme « actions de mise en application » correspondra à son sens étroit.

Par « inspections », on désignera tous types de visite ou de contrôle effectués par des agents habilités visant des produits, des établissements, des activités, des documents, etc.

La notion de risque combine la probabilité qu'un incident (accident, préjudice) se produise et l'ampleur potentielle des dommages induits (elle-même fonction du nombre de personnes concernées et de la gravité des préjudices subis par chacune d'entre elles).

Source : (OCDE, 2014[1]), *Principes de bonnes pratiques de l'OCDE pour la politique de la réglementation : Contrôle et mise en œuvre de la réglementation*, Paris, http://dx.doi.org/10.1787/9789264208926-fr.

Critère 1. Mise en application fondée sur l'observation[1]

La mise en application de la réglementation et les inspections devraient reposer sur des données d'observation et des éléments mesurables : le choix de ce qu'il convient d'inspecter et des modalités de l'inspection devrait se fonder sur des données et des éléments probants, et les résultats devraient être évalués régulièrement.

> **Principales questions :**
> - Les aspects liés à la mise en application et aux inspections sont-ils examinés durant l'analyse d'impact de la réglementation, et sont-ils pris en compte dans l'évaluation *ex post* des textes ?
> - Les mandats des institutions chargées de la mise en application et des inspections reflètent-ils les objectifs fixés par les pouvoirs publics en termes de réduction des risques et d'intérêt général ?
> - De même, les indicateurs et les données utilisés pour évaluer les performances des institutions chargées de la mise en application et des inspections sont-ils axés sur des réalisations telles que la réduction des risques, la croissance économique, le bien-être social, etc. ?
> - Procède-t-on, en pratique, à des évaluations d'efficacité, et éclairent-elles réellement les choix effectués quant aux structures, aux méthodes, aux ressources et aux outils employés pour la mise en application et les inspections ?

---

[1] C'est-à-dire fondée sur les meilleurs travaux de recherche disponibles et sur les données existantes, et éclairée par une analyse d'impact, une analyse coûts-bénéfices, des données de terrain et les éléments de contexte pertinents.

Sous-critère 1.1. **Les aspects liés à la mise en application et aux inspections sont examinés durant le processus d'analyse d'impact pour les nouveaux textes, et la mise en application fondée sur l'observation est reconnue comme l'un des principaux aspects à vérifier pendant la conception et pendant l'examen** ex post **des textes.**

Réfléchir à la mise en œuvre et à la mise en application d'un futur texte relève de la bonne pratique en matière d'analyse d'impact de la réglementation (et en matière d'analyse d'impact, plus généralement). En principe, il faudrait aussi s'intéresser aux questions liées à la mise en application et, plus largement, à la mise en œuvre à l'étape de l'examen *ex post* des textes. Toutefois, l'expérience semble montrer que ces aspects ne font pas toujours l'objet d'une attention particulière. De nombreuses analyses d'impact de la réglementation (AIR) traitent les inspections et la mise en application comme une évidence, une étape qui devrait ou qui va intervenir de plus façon plus ou moins automatique, et qui sera efficace, au lieu d'examiner précisément les différentes options possibles, leurs coûts, leurs avantages et leur efficacité (ou inefficacité) relative. De même, les examens *ex post* appréhendent souvent le coût et l'efficacité d'un texte donné *comme un tout*, sans aborder spécifiquement les aspects liés aux inspections et à la mise en application afin d'examiner s'ils ont été bien conçus et mis en œuvre, si d'autres solutions pourraient être envisagées, etc. On ne demande pas toujours leur avis aux inspecteurs eux-mêmes, et on n'interroge pas spécifiquement les parties prenantes sur le thème des inspections et de la mise en application.

Pour bien concevoir le système d'inspection et de mise en application, et pour parvenir au dosage optimal d'efficience et d'efficacité, il est nécessaire d'examiner de près si des inspections et une mise en application seront nécessaires pour un projet de texte, comment les organiser et les doter en ressources et quelles méthodes suivre[2]. Il convient de se pencher sur les mêmes aspects lors de l'examen *ex post* des textes.

- *Éléments probants* : *lignes directrices ou procédures en matière d'AIR, teneur des AIR publiées.*

Sous-critère 1.2. **Les mandats des institutions chargées de la mise en application et des inspections reflètent les objectifs fixés en termes de réduction des risques et d'intérêt général.**

Il ne faut pas automatiquement partir du principe que faire respecter un ensemble donné de textes exige une institution spécifique, ni que « faire respecter la réglementation » constitue un ordre de mission suffisant. Les termes de la mission de chaque institution chargée d'activités d'inspection et de mise en application devraient préciser les risques qu'elle est chargée de contrer, ou les réalisations qu'elle est chargée de favoriser. Quand il n'est pas possible de définir en ces termes la mission d'une institution, c'est généralement le signe que cette institution crée des coûts importants sans avantages clairs et qu'elle a peu d'incitations à améliorer ses démarches et ses méthodes afin d'obtenir de meilleurs résultats. Il n'est pas non plus possible d'évaluer correctement ses performances, car elles sont définies de façon purement « circulaire » : la tâche de l'institution est de réaliser des inspections et de mettre en application les textes et, plus elle le fait, mieux c'est, indépendamment des avantages ou des coûts que cela entraîne pour la population.

---

[2] Voir, par exemple, la « Table de onze » des Pays-Bas, www.oecd.org/gov/regulatory-policy/44912386.pdf, (OCDE, 2010[3]).

Il est donc essentiel que chaque institution ou structure chargée de fonctions d'inspection ou de mise en application soit dotée d'une mission clairement exprimée en termes de gestion des risques[3] et/ou de bien-être social. Ces missions peuvent être fixées de différentes manières (généralement par le truchement de textes législatifs ou réglementaires, mais éventuellement avec, en complément, des documents stratégiques approuvés par un organe de tutelle ou un ministère, etc.).

- *Éléments probants* : *missions officielles décrites dans les textes ou documents officiels applicables*

Sous-critère 1.3. ***De même, les indicateurs et les données utilisés pour évaluer les performances des institutions chargées de la mise en application et des inspections sont axés sur des réalisations telles que la réduction des risques, la croissance économique, le bien-être social, etc.***

Utiliser comme indicateurs le volume d'activité (inspections) ou de manquements détectés (sanctions) crée des incitations perverses pour les institutions chargées des inspections, en les incitant à constater de faibles taux de respect des textes afin d'afficher des chiffres d'activité élevés ; cela va à l'encontre de leur mission. Il convient d'évaluer leurs performances à la lumière de la réalisation d'objectifs de bien-être social (sécurité, santé, protection de l'environnement, etc.) et, à titre intermédiaire et indicatif, à la lumière de l'amélioration du respect des textes. Il est indispensable de définir cette amélioration comme une tâche centrale et comme un indicateur de performance pour les structures chargées des inspections et de la mise en application.

On l'a vu, les missions fixées aux institutions chargées de la mise en application et des inspections doivent être formulées en termes d'amélioration du bien-être social et de réduction des niveaux de risque ; les objectifs et indicateurs utilisés pour mesurer la réalisation de cette mission doivent suivre une logique similaire. Pour chaque domaine d'inspection et de mise en application, il est possible de définir des indicateurs clés en lien avec la mission de l'institution. À cette fin, on peut commencer par définir un certain nombre d'« objectifs », de « cibles » ou de « priorités » d'ordre général (la plupart des institutions d'inspection étant chargées d'un large domaine recouvrant plusieurs buts). On peut ensuite définir, au sein de chacun d'entre eux, des objectifs spécifiques, et des

---

[3] Pour déterminer l'importance relative des différents risques, le caractère adéquat de différentes méthodes ainsi que l'efficacité potentielle et réelle des actions, il est essentiel de se fonder, dans la mesure du possible, sur des éléments scientifiques fiables. Quand ces éléments scientifiques ne permettent pas de tirer des conclusions et qu'il existe une part importante d'incertitude, les décisions relatives à l'évaluation des risques, au choix de l'approche, à l'affectation des ressources, etc. doivent être transparentes quant à cette incertitude et quant aux choix effectués. De même, s'il est décidé de traiter une problématique donnée avec plus (ou moins) d'intensité que le niveau de risque scientifiquement estimé ne le justifierait, il faut faire preuve d'une transparence et d'une clarté totales quant aux valeurs qui justifient cette décision et quant aux concessions acceptées dans le cadre de cette décision. Les décisions stratégiques ne peuvent pas se fonder uniquement sur des considérations scientifiques, et il existe souvent une part d'incertitude qui oblige à trancher sans disposer de tous les éléments. En revanche, il est essentiel de faire preuve de clarté quant aux valeurs, aux critères et aux concessions en présence, pour garantir que les décisions sont réellement fondées sur des éléments probants et pour permettre aux parties prenantes de les évaluer en connaissance de cause. La notion d'« éléments scientifiques » englobe ici les sciences naturelles, mais aussi les sciences sociales.

indicateurs permettant de mesure le degré de réalisation de ces objectifs. Il n'est pas facile de bien mesurer les réalisations liées aux activités d'inspection et de mise en application (problèmes d'attribution ; problèmes de qualité des données dans certains cas ; difficulté à mesurer de façon fréquente certaines réalisations liées, par exemple, à l'environnement ; décalage temporel entre les activités et les réalisations, etc.). Il est possible, en pratique, de compléter l'évaluation de ces réalisations par certains indicateurs liés au degré de respect des textes (et notamment au recul du non-respect des textes, surtout parmi les groupes présentant le plus de risques).

- *Éléments probants : **indicateurs de performance officiellement adoptés et publiés***

Sous-critère 1.4. ***On procède, en pratique, à des évaluations d'efficacité, et elles éclairent réellement les choix effectués quant aux structures, aux méthodes, aux ressources et aux outils employés pour la mise en application et les inspections.***

Pour que les inspections et la mise en application soient réellement fondées sur l'observation, il est nécessaire d'évaluer régulièrement l'efficacité des pratiques et des institutions existantes – et de donner suite aux conclusions de ces évaluations. De telles évaluations porteraient sur l'évolution des indicateurs de performance sur plusieurs années, sur les tendances à l'amélioration ou à la dégradation des indicateurs clés au fil du temps (et sur la présence de points d'inflexion) ; sur des comparaisons avec d'autres territoires (en examinant à la fois le niveau des indicateurs et les grandes tendance à l'œuvre) ; sur des enquêtes spécifiques, lorsque ce serait possible et pertinent (enquêtes représentatives auprès d'entreprises ou d'autres parties prenantes, mais aussi enquêtes épidémiologiques, par ex.) ; et sur des instruments d'ordre plus « qualitatif » (consultations avec divers groupes de parties prenantes, etc.).

Si les évaluations montrent que le système ou l'institution présente des lacunes, que des objectifs ne sont pas remplis et/ou que les coûts sont trop élevés ou que la satisfaction des parties prenantes est faible, etc., il convient de proposer des changements puis de les mettre en œuvre afin de remédier aux insuffisances constatées (au niveau du dispositif institutionnel, des textes, des processus, des démarches, des outils, etc.).

- *Éléments probants : **politique officielle d'évaluation, exemples d'évaluations publiques et rapports de suivi***

Critère 2. Sélectivité

La tâche consistant à promouvoir le respect de la réglementation et à faire respecter les règles devrait être laissée aux forces du marché, au secteur privé et à la société civile, dans toute la mesure du possible ; les inspections et la mise en application ne sauraient constituer une solution universelle valable pour toutes les situations, et il existe bien d'autres moyens d'atteindre les objectifs de la réglementation.

Principales questions :

- D'autres solutions qu'une mise en application pilotée par l'État sont-elles véritablement envisagées dans le cadre du processus d'analyse d'impact ?
- Existe-t-il des dispositifs juridiques et institutionnels permettant, quand la situation s'y prête, de recourir à d'autres solutions qu'une mise en application pilotée par l'État ?

*Sous-critère 2.1. **D'autres solutions qu'une mise en application pilotée par l'État sont véritablement envisagées dans le cadre du processus d'analyse d'impact.***

Comme on l'a indiqué au sujet du sous-critère 1.1, il est très important, dans le cadre de toute procédure d'analyse d'impact d'un projet de texte, de tenir véritablement compte des aspects liés aux inspections et à la mise en application, plutôt que de traiter ces aspects comme une évidence. À ce titre, il convient d'examiner les ressources, les dispositifs institutionnels et les méthodes d'inspection devant être mis en place, mais aussi les solutions pouvant être envisagées en dehors d'une mise en application pilotée par l'État (telles qu'une mise en application pilotée par le marché, le secteur privé ou encore la société civile). En premier lieu, il est nécessaire d'examiner si des activités directes d'inspection et de mise en application se justifient, ou si les données probantes semblent montrer le respect des textes pourrait être assuré par d'autres moyens (forte probabilité de respect spontané des textes, possibilité de s'appuyer sur une obligation d'assurance, possibilité de recourir à des procédures civiles, etc.). En deuxième lieu, il convient d'examiner quels dispositifs, structures, etc. existants pourraient être mis au service de cet objectif. En troisième lieu, si ces dispositifs et structures sont jugés insuffisants, mais qu'une activité directe d'inspection et de mise en application par les autorités d'État n'apparaît pas comme la solution optimale, l'analyse doit indiquer les changements à apporter (au niveau des textes, des institutions, des ressources, etc.) pour pouvoir déployer la solution jugée comme préférable[1].

Au moment d'examiner si une mise en application pilotée par l'État est véritablement nécessaire, il est important de tenir compte des incitations au respect des textes. En effet, quand les incitations pour les entreprises (rentabilité) coïncident en grande partie avec les objectifs et la teneur d'un texte[2], il est particulièrement judicieux d'examiner de près la

---

[1] Chaque fois qu'un nouveau texte est adopté, il est essentiel d'éviter que cela n'entraîne plus ou moins automatiquement la création de nouveaux pouvoirs de mise en application ou (de façon encore plus problématique) la création d'un nouvel organisme ou d'une nouvelle structure d'inspection et de mise en application. Dans certains pays, les pratiques législatives en place font que de nouveaux pouvoirs et de nouvelles responsabilités sont systématiquement créés à l'adoption d'une nouvelle règle. Sans préjudice de la compétence générale de la police et des tribunaux en matière de mise en application des textes, il convient de mettre fin à ces pratiques de création de nouvelles responsabilités de mise en application.

Les auteurs des textes devraient plutôt, dans le cadre du processus de conception de la réglementation, examiner si une mise en application et des inspections pilotées par l'État constituent l'option la plus adaptée, si le nouveau texte est déjà couvert par des pouvoirs et structures existants et, dans le cas contraire, s'il existe un moyen facile et efficace d'ajouter de nouveaux pouvoirs de mise en application à ceux d'une structure existante, de façon à éviter l'éclatement des responsabilités et à assurer une mise en application plus cohérente. Ce n'est que dans l'hypothèse contraire qu'il devrait être envisagé de créer une nouvelle structure spécifiquement chargée de la mise en application du nouveau texte.

[2] Dans le cas de la sûreté des aliments, par exemple, les entreprises ont normalement tout intérêt à fournir aux consommateurs des produits sûrs. Bien entendu, le consommateur ne sait pas toujours quel aliment peut présenter un danger pour sa santé, donc l'information est imparfaite, et l'incitation n'est pas absolue (et de nombreuses entreprises ont un comportement irrationnel). La concordance entre les objectifs d'un texte et les intérêts des entreprises ne garantit donc pas qu'une mise en application soit superflue. Il convient de noter que les incidents liés au manque de sûreté des produits alimentaires peuvent découler de l'ingestion de produits néfastes à court terme (par ex. produits présentant une toxicité aiguë, intoxication alimentaire d'origine microbienne) ou à long terme (ingestion au long cours de métaux lourds ou d'autres produits chimiques, par ex.).

nécessité réelle de mobiliser des ressources pour la mise en application. La situation est différente quand le respect d'un texte impose clairement des coûts supplémentaires aux entreprises et réduit leur rentabilité (du moins à court ou à moyen terme). La nature du préjudice que le texte vise à prévenir constitue elle aussi un aspect déterminant. S'il est possible de remédier à ce préjudice pour un coût raisonnable (c'est-à-dire que des mesures correctives existent, et qu'elles ne sont pas beaucoup plus coûteuses que les activités de prévention), la mise en application n'est peut-être pas aussi indispensable que dans l'hypothèse où remédier au préjudice implique des solutions très coûteuses (beaucoup plus que la prévention), ou est tout bonnement *impossible* (préjudice irréversible).

- *Éléments probants* : lignes directrices en matière d'AIR, teneur des AIR publiées

Sous-critère 2.2. ***Il existe des dispositifs juridiques et institutionnels permettant, quand la situation s'y prête, de recourir à d'autres solutions qu'une mise en application pilotée par l'État, et ces dispositifs sont employés dans les cas de figure où ils peuvent être efficaces.***

Il n'est pas toujours préférable de recourir à d'autres solutions que la mise en application pilotée par l'État – qu'il s'agisse de compter sur le respect spontané des textes (avec, éventuellement, des dispositifs visant à favoriser ce respect, y compris une certification volontaire, la publication du nom des contrevenants, etc.), d'instaurer une assurance obligatoire, de créer des recours du type action de groupe ou de s'en remettre aux actions civiles qui seront engagées à titre individuel par des demandeurs. Toutes ces solutions ont leurs forces et leurs faiblesses, leurs coûts et leurs avantages ainsi que leurs limites. Par exemple, l'obtention d'une certification délivrée par une tierce partie, couplée à une obligation d'assurance et à la possibilité de procédures civiles entre assureurs et assurés, s'est avérée efficace dans certains contextes[3]. Cela étant, elle passe par un dispositif complexe conjuguant une infrastructure juridique, un marché de l'assurance robuste et des parties bien informées, et elle entraîne des coûts non négligeables (coûts de certification, primes d'assurance, expertises, recours, etc.). Autre exemple : de nombreuses études ont montré que les dispositifs de type action de groupe n'étaient que d'une efficacité limitée s'agissant de faire évoluer le comportement des entreprises et d'améliorer le respect des règles – mais des affaires très médiatiques ont montré que ces dispositifs pouvaient être efficaces dans certaines circonstances. Quoi qu'il en soit, ces dispositifs ont un coût, et ils aboutissent souvent à une répartition non optimale des coûts et des avantages. Toujours est-il qu'ils peuvent représenter la meilleure solution dans certains contextes (difficulté à recenser les risques, risques diffus et incertains, coût élevé des activités directes d'inspection et de mise en application, avec des avantages incertains, etc.).

L'important, dans tous les cas, est de mettre en place les dispositifs juridiques et institutionnels nécessaires pour que ces solutions puissent être employées là où elles offrent la meilleure combinaison d'efficacité et d'efficience.

On considère souvent que les solutions autres que les inspections et la mise en application pilotées par l'État relèvent de deux grandes catégories (qui peuvent être combinées) : la certification et/ou l'assurance obligatoires par un tiers et les approches contentieuses (y compris, en particulier, les actions de groupe). Il existe toutefois d'autres solutions, qui peuvent être désignées comme « novatrices », non pas parce qu'elles sont nécessairement

---

[3] Par exemple : encadrement réglementaire du secteur de la construction en France.

révolutionnaires, mais parce qu'elles restent peu connues, ou du moins peu employées, ou parce qu'on ne les considère pas comme de véritables substituts à la mise en application directe. On peut citer les solutions suivantes : les dispositifs de « co-réglementation » dans le cadre desquels les autorités publiques interviennent « en deuxième ligne » pour des textes directement mis en œuvre par des structures du secteur privé (l'État jouant un rôle de garant et pouvant intervenir si nécessaire, mais ne jouant pas directement un rôle actif). On peut aussi citer les dispositifs visant à défendre les droits du consommateur (par exemple en renforçant la transparence des renseignements relatifs à des opérateurs privés intervenant dans un secteur donné, et en cherchant activement à rendre l'information plus claire et plus facile à comprendre[4]), entre autres. Pour que de tels dispositifs soient efficaces, il faut leur assurer des ressources suffisantes (à des fins d'information, par exemple), et leur donner des fondements juridiques (responsabilité des opérateurs privés qui ne respecteraient pas les règles, par exemple). Les systèmes qui font le plus grand usage possible de tels outils ont des chances d'être les plus efficaces et efficients, dans les cas où les coûts d'une mise en application directe semblent l'emporter clairement sur ses avantages.

- *Éléments probants : textes ouvrant la voie à de telles solutions, par ex. mise en place des actions de groupe, obligation d'assurance, responsabilité des opérateurs économiques, etc. Exemples de recours concret à de tels dispositifs*

---

[4] Voir, par exemple, les systèmes de notes d'hygiène alimentaire mis en place au Danemark, au Royaume-Uni, etc.

Critère 3. Démarche axée sur les risques et la proportionnalité

Il faut que la mise en application soit fondée sur les risques et la proportionalié : la fréquence des inspections et les ressources mobilisées devraient être proportionnées au niveau de risque, et les mesures de mise en application devraient avoir pour objectif de réduire le risque réellement présenté par les manquements.

Principales questions :
- Les textes applicables permettent-ils une démarche axée sur les risques et proportionnée – et exigent-ils que les activités d'inspection et de mise en application soient fondées sur cette démarche ?
- Existe-t-il une démarche commune en matière d'évaluation des risques et de gestion des risques, ou du moins des raisonnements et des pratiques similaires entre la plupart des domaines couverts par la réglementation ?
- La majorité des inspections sont-elles proactives, et le ciblage des inspections s'effectue-t-il bien en fonction des risques, y compris s'agissant de la gestion des signalements et des inspections réactives ?
- Les décisions de mise en application se fondent-elles effectivement sur une démarche de proportionnalité par rapport aux risques ?
- Les risques, la stratégie de gestion des risques et la démarche de mise en application fondée sur les risques sont-ils clairement et activement signalés à l'ensemble des parties prenantes, dans l'optique de gérer les attentes et d'améliorer les réalisations ?

Sous-critère 3.1. **Les textes applicables permettent une démarche proportionnée et axée sur les risques– et exigent que les activités d'inspection et de mise en application soient fondées sur cette démarche.**

Pour que les activités d'inspection et de mise en application puissent être axées sur les risques et la proportionnalité, encore faut-il que ce soit permis par les textes (et par la jurisprudence). Dans un certain nombre de pays, la formulation des textes juridiques et/ou leur interprétation compliquent considérablement le recours à des démarches fondées sur les risques, car on considère qu'elles exigent une pleine mise en application de chaque norme, sans marge d'appréciation au niveau du ciblage de l'inspection ou de la suite à donner. En pratique, l'expérience a amplement démontré que les inspections ne permettaient pas d'assurer une couverture efficace et universelle, et que les décisions relatives à la mise en application comportaient toujours un aspect discrétionnaire (car il y a toujours une marge d'appréciation pour déterminer s'il y a eu manquement, et en quoi ce manquement consiste). Ces dispositions et cette doctrine constituent une entrave pour les institutions chargées de l'inspection et de la mise en application désireuses d'opter pour des démarches fondées sur les risques qui reconnaissent ouvertement cette marge d'appréciation et qui organisent l'exercice de ce pouvoir discrétionnaire – alors même qu'en pratique, cela permettrait de passer d'une sélectivité arbitraire (faute de temps et de moyens) à une sélectivité raisonnée (fondée sur les risques).

Il convient donc, avant tout, de se doter de textes qui autorisent explicitement et clairement une sélectivité au niveau des visites d'inspection (par opposition à un contrôle universel) ainsi qu'une différenciation des réponses apportées (en permettant une adaptation aux circonstances et une proportionnalité, sous réserve que les critères soient clairs). L'idéal serait que les textes applicables ne se contentent pas d'autoriser le recours à des approches fondées sur les risques, mais qu'ils les exigent. L'expérience semble montrer que de nombreuses institutions chargées de l'inspection et de la mise en application hésitent à réduire leur pouvoir discrétionnaire, et se montrent donc réticentes à l'idée d'instaurer des approches fondées sur les risques, lesquelles remplacent une marge d'appréciation individuelle illimitée par des critères clairs en termes de ciblage et de réponse à apporter. Il relève donc indéniablement de la bonne pratique de mettre en place des politiques et des textes législatifs et réglementaires exigeant de telles approches.

Éléments probants : dispositions de lois cadres ou sectorielles portant sur le pouvoir discrétionnaire et la proportionnalité par rapport aux risques

Sous-critère 3.2. **Il existe une démarche commune en matière d'évaluation des risques et de gestion des risques, ou du moins des raisonnements et des pratiques similaires entre la plupart des domaines couverts par la réglementation.**

Autoriser ou même exiger le recours à des démarches fondées sur les risques ne saurait suffire si les acteurs en présence ne comprennent pas réellement ce que ces démarches signifient ou la façon dont elles doivent être mises en œuvre. Il faut bien comprendre qu'un risque résulte de la combinaison de deux éléments : d'un côté, la probabilité de survenance d'un incident et, de l'autre, l'ampleur et la gravité des conséquences potentielles de cet incident (c'est ainsi que, dans le domaine réglementaire, il ne faut pas confondre « situation à haut risque » et « forte probabilité de manquement »). Il est donc important de disposer d'une définition officielle du risque, valable pour l'ensemble des secteurs encadrés. Pour rendre plus efficace la coordination des actions menées par les différentes structures d'inspection, pour permettre une meilleure répartition des ressources entre les différents secteurs encadrés et pour assurer une meilleure proportionnalité par rapport aux risques, il est très utile d'adopter une démarche à l'échelle de l'ensemble de l'administration en matière d'évaluation et de gestion des risques. Dans le cadre de cette démarche, il convient d'adopter une définition unifiée de la notion de risque, ainsi que des outils et méthodes communs pour évaluer et classer ces risques ainsi que pour déterminer la réponse à y apporter. Bien entendu, il faut aussi permettre une adaptation suffisante aux besoins propres des différents secteurs. Toutefois, même si tous ces aspects ne sont pas pleinement harmonisés entre les différentes institutions ou fonctions, ils devraient au moins présenter un degré de similitude suffisant pour assurer la cohérence à l'échelle de l'ensemble du système réglementaire.

- *Éléments probants : document(s) officiel(s) sur l'évaluation et la gestion des risques*

Sous-critère 3.3. **La majorité des inspections sont proactives, et le ciblage des inspections s'effectue bien en fonction des risques, y compris s'agissant de la gestion des signalements et des inspections réactives.**

La démarche axée sur les risques doit être prescrite par des orientations officielles (et, si possible, la législation), mais elle doit aussi être mise en pratique. Cela signifie que la grande majorité des inspections doivent être proactives, et ciblées en fonction d'une évaluation des risques (elle-même fondée sur des données émanant de différents secteurs et établissements). Parmi les facteurs de risque pris en compte pour ce ciblage doivent figurer, au moins, le risque intrinsèque de l'activité, son périmètre, les facteurs de vulnérabilité (lieu, population desservie), le cas échéant, et les antécédents. Même lorsque des signalements ou d'autres indications sont reçus, il convient de suivre une méthodologie fondée sur les risques pour déterminer s'il convient de procéder à une inspection (qualifiée, dans ce cas, « réactive ») ; cela implique de prendre en compte le niveau de fiabilité ou de crédibilité de l'information, la gravité du risque évoqué dans le signalement, les antécédents (signalements antérieurs), etc. Les inspections réactives doivent rester minoritaires, et il ne faut pas lancer systématiquement une inspection à la suite de chaque signalement (système du « un signalement, une inspection »). Dans le même temps, il peut être nécessaire de conserver une fréquence minimale d'inspection, afin que le risque d'être inspecté reste crédible. Par ailleurs, une inspection peut être nécessaire pour permettre au régulateur d'être suffisamment renseigné sur l'actualité du marché ou sur les activités d'une entreprise, même si l'analyse *ex ante* des risques ne justifie pas à elle seule cette inspection.

- *Éléments probants : orientations officielles sur le ciblage, rapports annuels présentant des indications sur les activités d'inspection et leur ciblage (avec des données sur les différentes catégories de risques).*

Sous-critère 3.4. **Les décisions de mise en application se fondent effectivement sur une démarche proportionnée en fonction des risques.**

La prise en compte du niveau de risque est au moins aussi importante à l'étape des décisions de mise en application qu'à celle du ciblage des inspections. Lorsqu'ils évaluent la situation existant au sein d'un établissement, les inspecteurs devraient examiner s'il existe des manquements, mais aussi si ces manquements se répètent, s'ils reflètent une attitude délibérément négligente ou s'ils résultent d'erreurs que l'opérateur est disposé à corriger au plus tôt et, surtout, s'ils présentent un risque grave pour l'intérêt général (sécurité, santé, environnement, etc.) et, si oui, quelle est l'ampleur de ce risque. Dans la mesure du possible, il faudrait que des orientations officielles précisent comment fonctionne la proportionnalité par rapport aux risques et comment prendre les décisions de mise en application, pour plus de transparence et moins d'incertitude.

- *Éléments probants : orientations officielles sur la mise en application proportionnée aux risques, rapports annuels comportant des données sur les décisions de mise en application et des analyses/des indications sur les tendances.*

Sous-critère 3.5. Les risques, la stratégie de gestion des risques et la démarche de mise en application fondée sur les risques sont clairement et activement signalés à l'ensemble des parties prenantes, dans l'optique de gérer les attentes et d'améliorer les réalisations.

La communication sur les risques est essentielle à toute stratégie de gestion des risques. Dans le cas des inspections et des activités de mise en application, cela implique, en particulier, d'assurer la transparence quant aux critères de risque, de façon à légitimer l'exercice du pouvoir discrétionnaire ; d'exposer clairement les limites de la prévention des risques, afin de ne pas susciter d'attentes excessives ; et de mieux informer quant aux principaux risques, afin de renforcer le respect des principales exigences et d'améliorer les réalisations. Il convient que cette information cible l'ensemble des principales parties prenantes : entreprises, consommateurs, travailleurs, citoyens. Dans le cadre de la communication sur les risques, il est crucial de souligner que les inspecteurs ne peuvent pas, à eux seuls, gérer les risques. Une action déterminée d'information et de communication constitue un facteur de succès déterminant.

- *Éléments probants : politique officielle et preuves d'efforts de communication*

Critère 4. Réactivité de la réglementation

La mise en application de la réglementation devrait être fondée sur les principes de « réglementation réactive », c'est-à-dire que les mesures d'inspection et de mise en application devraient être modulées en fonction du profil et du comportement de chaque entreprise.

Principales questions :

- Les textes applicables autorisent-ils une mise en application différenciée (réactive) et offrent-ils une marge d'appréciation adaptée (pouvoir discrétionnaire reconnu, mais dans certaines limites, et avec une redevabilité) ?

- La gradation des sanctions pouvant être infligées est-elle suffisante pour assurer une dissuasion crédible grâce à une montée en puissance des sanctions (sanctions suffisamment « légères » pour être utilisées quand c'est nécessaire, suffisamment « lourdes » pour contrebalancer les avantages d'un non-respect des règles) ?

- Existe-t-il une distinction claire, mais aussi une bonne articulation, entre les activités réglementaires visant à favoriser le respect des règles (y compris, quand c'est nécessaire, par l'exercice de pouvoirs de mise en application) et les activités répressives axées sur la lutte contre les infractions pénales (menées par la police, le Parquet, etc.) ?

- En pratique, les autorités chargées de la mise en application apportent-elles des réponses différenciées en fonction des antécédents des entités contrôlées (avec un traitement spécifique pour les jeunes entreprises), en fonction de l'évaluation des risques et en fonction de l'efficacité des différentes options possibles ?

Sous-critère 4.1. **Les textes applicables autorisent (ou, du moins, n'interdisent pas) une mise en application différenciée (réactive), et ils offrent une marge d'appréciation adaptée (pouvoir discrétionnaire reconnu, mais dans certaines limites, et avec une redevabilité).**

L'expérience montre clairement qu'une réglementation réactive aboutit à de meilleures réalisations que la sanction uniforme de tous les manquements – pourtant, les textes et pratiques juridiques ne permettent pas toujours cette réactivité. Il est donc indispensable que les textes applicables prévoient explicitement une différenciation des actions de mise en application (du simple avertissement à la sanction effective, voire aux poursuites judiciaires) en fonction des circonstances (gravité du manquement en termes de risque, antécédents, situation globale de l'établissement, volonté de respecter les règles et de mieux faire, manquement délibéré ou non, dissimulation ou transparence, etc.).

Il convient d'autoriser clairement l'exercice d'une marge d'appréciation dans la mise en application (puisqu'une telle marge existe de toute façon en pratique), mais aussi d'encadrer cette marge d'appréciation par l'application d'un certain nombre de principes et de critères (en particulier la proportionnalité à l'égard des risques). Il convient aussi de faire en sorte que les structures chargées de la mise en application assument la responsabilité de leurs décisions (lignes directrices publiques à l'usage des inspecteurs sur la prise de décision, rapports annuels évoquant et justifiant les actions de mise en application).

- *Éléments probants* : teneur des lois cadres et/ou sectorielles régissant le pouvoir discrétionnaire en matière de mise en application, textes réglementaires et/ou lignes directrices sur l'exercice de ce pouvoir.

Sous-critère 4.2. **La gradation des sanctions pouvant être infligées est suffisante pour assurer une dissuasion crédible grâce à une montée en puissance des sanctions (sanctions suffisamment « légères » pour être utilisées quand c'est nécessaire, suffisamment « lourdes » pour contrebalancer les avantages d'un non-respect des règles).**

Pour que l'action de mise en application soit crédible, et pour produire un effet dissuasif, les sanctions encourues doivent être suffisamment lourdes pour contrebalancer les avantages d'un non-respect des règles – mais elles doivent être assez souples pour qu'il existe un risque crédible que les inspecteurs et les autorités de mise en application les infligent. S'il n'existe que des sanctions très sévères (par ex. : fermeture d'un établissement), ces sanctions seront très rarement infligées (du moins sur la plupart des territoires), parce que les conséquences économiques et sociales, ainsi que les réactions politiques éventuelles, seraient considérables. Il convient donc de prévoir, dans les textes applicables, toute une gamme de réponses différenciées. Celles-ci pourront prendre des formes diverses : simple avertissement ; injonction de mise en conformité assortie d'une inscription sur une liste officielle ou d'un affichage des résultats de l'inspection (la publicité négative servant d'incitation au changement de comportement) ; amende administrative ; poursuites judiciaires ; fermeture ; dommages et intérêts potentiellement punitifs ou remboursement des profits injustifiés, si cette possibilité existe, etc. Dans le même temps, si les institutions chargées des inspections optent pour une réponse « douce », elles doivent ensuite réaliser un suivi (organisation d'une nouvelle inspection à la suite de la délivrance d'un avertissement).

- *Éléments probants* : législation cadre et/ou sectorielle autorisant les responsables à infliger des sanctions, textes réglementaires et/ou lignes directrices précisant l'éventail des décisions possibles.

Sous-critère 4.3. ***Il existe une distinction claire, mais aussi une bonne articulation, entre les activités réglementaires visant à favoriser le respect des règles et les activités répressives axées sur la lutte contre les infractions pénales.***

Pour mettre en place un système d'inspection et de mise en application efficace, efficient, fondé sur les risques et réactif, il est essentiel de bien distinguer ses activités et ses objectifs de ceux des activités des autorités chargées de lutter contre les infractions pénales[1]. Le système d'inspection et de mise en application vise à favoriser le respect des textes par la grande majorité des acteurs, acteurs qui ont spontanément tendance à les respecter ou qui ont de fortes chances de les respecter une fois les bonnes incitations mises en place (information, légitimité des règles et des institutions, normes sociales et dissuasion). De leur côté, les autorités répressives ciblent les acteurs qui commettent des infractions pénales et qui ne réagissent pas aux autres incitations, et elles doivent bénéficier des bons instruments d'action, qui sont différents de ceux des autorités chargées de la mise en application et des inspections. Il est important de bien exprimer cette distinction dans le cadre des textes, des institutions et des pratiques, si l'on veut que les autorités chargées de la mise en application et des inspections gagnent en légitimité aux yeux des acteurs encadrés, et bénéficient de leur coopération active. Mettre en place un véritable échange d'informations, avec une délimitation claire des responsabilités entre ces deux formes de mise en application, est également essentiel pour faire face au large éventail d'acteurs, de risques et de manquements en présence. Les activités d'inspection doivent être clairement distinguées des activités répressives, mais un lien doit exister entre ces diverses activités si l'on veut éviter que le système présente des failles[2].

Différentes solutions peuvent être envisagées pour respecter ce critère, mais l'exigence fondamentale est que la mission des autorités chargées des inspections et de la mise en application soit vue comme *l'accroissement des niveaux de conformité*, et non comme la détection et la répression systématiques de tout manquement. Il faut donc que les textes applicables confèrent à ces autorités une marge d'appréciation suffisante pour gérer différemment des situations distinctes, y compris en choisissant de ne pas punir certains manquements, dès lors qu'elles considèrent que ces manquements présentent peu de risques et qu'ils peuvent être gérés sans opération officielle de mise en application.

---

[1] Cela ne signifie nullement qu'il faille éviter de conférer certains pouvoirs aux organismes chargés des inspections et de la mise en application (y compris en termes de poursuites pénales, dans les pays où c'est possible et où les poursuites pénales constituent un outil important de mise en application). L'important est de bien distinguer les missions et les objectifs. Les poursuites pénales engagées *dans le cadre de la mise en application* constituent l'un des outils possibles d'un système de « réglementation réactive » dans le cadre duquel elles représenteront la sanction la plus lourde, infligée en réponse aux manquements les plus graves. Toutefois, l'objectif général reste d'assurer le respect de la réglementation. En revanche, les activités répressives menées par la police et par le Parquet visent avant tout à détecter et à sanctionner les infractions pénales – et non à mieux faire respecter le niveau moyen de respect des textes.

[2] Comme évoqué ci-dessus, le lien peut être interne (pouvoir internes en matière pénale) ou externe (échange d'information avec les autorités répressives, ou possibilité de transmettre certains dossiers au parquet).

- *Éléments probants* : vision stratégique officielle, mandats des institutions chargées des inspections et de la mise en application (statuts, documents stratégiques, rapports annuels, etc.)

Sous-critère 4.4. **En pratique, les autorités chargées de la mise en application apportent des réponses différenciées en fonction des antécédents des entités contrôlées (avec un traitement spécifique pour les jeunes entreprises), en fonction de l'évaluation des risques et en fonction de l'efficacité des différentes options possibles.**

En pratique, une mise en application réactive implique d'apporter des réponses différenciées en fonction des antécédents de l'entité contrôlée, de l'évaluation des risques (préjudices que le manquement a déjà causés et/ou risque de causer, en tenant aussi compte du profil général de l'établissement contrôlé en matière de manquements) et de l'efficacité potentielle des différentes options. Pour évaluer cette efficacité, il faut examiner l'impact que la réponse apportée pourra avoir sur le respect futur des règles, que ce soit au sein de l'établissement (réaction probable du personnel et de la direction) ou en dehors (exemplarité). Étant donné qu'aucun inspecteur ne peut connaître tout l'éventail des expériences et des données probantes susceptibles d'éclairer son choix entre les différentes réponses possibles, il est indispensable de mettre en place des orientations suffisamment détaillées, étant entendu que l'inspecteur devra aussi présenter des aptitudes professionnelles suffisantes pour savoir évaluer la situation de terrain. Disposer d'orientations détaillées n'est, de toute façon, pas suffisant en soi : il faut aussi veiller à ce que les pratiques des inspecteurs et les décisions de leurs supérieurs hiérarchiques s'inscrivent dans une démarche réactive.

- *Éléments probants* : **documents stratégiques officiels, données et analyses des rapports annuels**

Critère 5. Vision à long terme

Les pouvoirs publics devraient adopter des politiques en matière de mise en application de la réglementation et d'inspections et se doter de dispositifs institutionnels assortis d'objectifs clairs et d'une stratégie à long terme.

Principales questions :

- Une vision, une stratégie et/ou un cadre juridique ont-ils été officiellement adoptés en matière de mise en application et d'inspections, afin de fixer les buts, les objectifs et les grands principes ?

- Des dispositifs et des pratiques ont-ils été mis en place (y compris, entre autres, une analyse d'impact) pour éviter ou limiter la survenance de situations et de décisions découlant d'un « réflexe réglementaire » face aux risques ?

- La vision à long terme est-elle suivie d'effet en pratique, et guide-t-elle les réformes, les textes et les décisions ? Existe-t-il un dispositif institutionnel pour y veiller et éviter tout revirement brusque de l'action menée ?

Sous-critère 5.1. **Une vision, une stratégie et/ou un cadre juridique ont été officiellement adoptés en matière de mise en application et d'inspections, afin de fixer les buts, les objectifs et les grands principes.**

Pour que le système d'inspection et de mise en application prenne toute son ampleur, il doit s'appuyer sur un socle pérenne et clair de buts et de principes à long terme, afin d'être préservé des considérations de court terme et des conflits de priorités. Ce socle peut revêtir différentes formes – programme officiel, législation, etc. –, mais il doit être suffisamment robuste et stable pour jouer son rôle. Le document en question doit formuler des principes, des buts et des objectifs valables pour l'ensemble du système.

- *Éléments probants :* : *vision officielle, document stratégique ou autre cadre*

Sous-critère 5.2. **Des dispositifs et des pratiques ont été mis en place (y compris, entre autres, une analyse d'impact) pour éviter ou limiter la survenance de situations et de décisions découlant d'un « réflexe réglementaire » face aux risques.**

On parle de « réflexe réglementaire » face aux risques pour décrire un phénomène qui n'est que trop fréquent : celui de réactions à chaud survenant à la suite d'un accident ou de l'apparition d'un nouveau risque, l'État se précipitant pour adopter un nouveau texte et pour prévoir des mesures d'inspection et de mise en application sans avoir pris le temps d'étudier l'ampleur du risque, l'efficacité des mesures proposées ni leurs coûts. Ce « réflexe » répond à des considérations d'ordre politique liées à la volonté de montrer que les autorités agissent, et il s'accompagne de coûts considérables, de répercussions imprévues, etc. Un bon système d'inspection et de mise en application fondé sur les risques doit être préservé de ce réflexe. Il faut donc des dispositifs d'analyse d'impact (dans le cadre de la production de nouveaux textes), mais aussi des mesures (textes juridiques, programmes officiels, pratiques, etc.) qui empêchent ce réflexe dans le cas des inspections et de la mise en application (pour éviter que, par exemple, les autorités instaurent des inspections universelles au sein d'un secteur donné à la suite de la survenance d'un accident, sans tenir compte des données, des risques, etc.).

- *Éléments probants :* *politique officielle ou vision stratégique sur la gestion des risques et sur la réponse à apporter aux incidents et aux crises*

Sous-critère 5.3. **La vision à long terme est suivie d'effet en pratique, et guide les réformes, les textes et les décisions. Il existe un dispositif institutionnel pour y veiller et éviter tout revirement brusque de l'action menée.**

Adopter une vision stratégique officielle ne suffit pas, si elle n'est pas mise en pratique. Il est crucial que les principes et les objectifs énoncés dans le document cadre soient respectés chaque fois qu'un nouveau texte est adopté, qu'une réforme institutionnelle est lancée ou qu'une décision stratégique est prise au sein des structures chargées de l'inspection. À cette fin, il est utile de pouvoir s'appuyer sur une institution spécifiquement chargée d'accompagner la mise en œuvre de la stratégie, d'aider les structures chargées des inspections à la comprendre et à l'appliquer et de veiller à ce que cette stratégie soit prise en compte dans les nouveaux textes, les réformes, etc.

- *Éléments probants :* *existence d'un dispositif institutionnel visant à assurer la mise en œuvre de la vision stratégique à long terme.*

Critère 6. Coordination et intégration

Les fonctions d'inspection devraient être coordonnées et, si nécessaire, intégrées : la réduction des redondances et des chevauchements permettra de faire un meilleur usage des ressources publiques, d'alléger la charge imposée aux acteurs encadrés et de maximiser l'efficacité.

Principales questions :

- Les questions relatives aux missions des différentes institutions, à leur coordination et à leur intégration sont-elles prises en compte au stade de la rédaction des textes et lors du processus d'analyse d'impact ?

- Les doublons sont-ils évités, et la répartition des missions et des responsabilités est-elle claire (entre les institutions et entre l'échelon national et les échelons locaux) ?

- Les différentes structures d'inspection et de mise en application partagent-elles leurs renseignements et leurs dossiers, participent-elles à des dispositifs d'alerte commune et se coordonnent-elles « sur le terrain », en particulier dans des domaines réglementaires connexes ?

- Des dispositifs sont-ils en place ou en cours d'introduction pour renforcer l'efficience grâce à un meilleur partage de l'information, certaines institutions étant les « yeux » et les « oreilles » des autres ? Évite-t-on de répéter une inspection déjà effectuée et de produire plusieurs rapports sur le même sujet ?

- L'affectation des ressources et la planification stratégique tiennent-elles compte de l'ensemble des structures travaillant au sein d'un domaine réglementaire ?

Sous-critère 6.1. **Les questions relatives aux missions des différentes institutions, à leur coordination et à leur intégration sont prises en compte au stade de la rédaction des textes et lors du processus d'analyse d'impact.**

Il est tout aussi primordial d'éviter la prolifération des institutions chargées des inspections que de veiller à la clarté et à la cohérence, et de prévenir l'apparition de conflits entre les domaines de compétence. Par conséquent, lors de la rédaction des nouveaux textes (y compris au stade de l'analyse d'impact), il faut examiner de près quelles institutions ou structures disposent déjà de compétences en matière d'inspection et de mise en application dans les domaines concernés ; déterminer quelles institutions seront chargées de la mise en œuvre du nouveau texte ; et veiller à ce que le résultat soit cohérent et clair, en évitant tout chevauchement et tout morcellement.

- *Éléments probants* : lignes directrices en matière d'AIR et teneur des AIR publiées.

Sous-critère 6.2. **Les doublons sont évités, et la répartition des missions et des responsabilités est claire (entre les institutions et entre l'échelon national et les échelons locaux).**

Si l'on veut que le système d'inspection soit clair pour les acteurs encadrés, efficient (absence de doublons au niveau des coûts ou des charges) et efficace (pas de dispersion de l'information et des efforts, pas de problèmes de coordination), il faut tendre, dans toute la mesure du possible, vers l'unicité des fonctions. Cette unicité signifie qu'une seule institution est chargée de l'ensemble d'un domaine réglementaire (par ex. : la sûreté des aliments, la sécurité des produits, etc.), ou du moins d'un domaine réglementaire au sein d'un secteur donné (par ex. : la production alimentaire primaire). Quand plusieurs institutions sont impliquées, ou qu'elles couvrent des domaines liés (par ex. : santé publique et hygiène, santé au travail, environnement), il faut préciser clairement qui est responsable de chaque texte, de chaque établissement, etc. La clarté doit également être assurée entre les différents échelons administratifs (échelon national ou fédéral, régional, local, etc.), pour éviter de faire subir aux établissements des inspections répétées (et pouvant entrer en conflit) et de gaspiller les ressources publiques à mener des activités non coordonnées et faisant double emploi. Il est rare que le système qui sous-tend les inspections et la mise en application soit parfaitement clair et optimisé. En effet, le système institutionnel a généralement mis de nombreuses années à se développer, au gré d'initiatives distinctes. Il est donc important que les autorités nationales (ou régionales, lorsqu'elles sont chargées des inspections) prennent des initiatives pour passer en revue les fonctions et institutions existantes et pour s'employer à les simplifier et à les rassembler, ou du moins à préciser les rôles et responsabilités de chacun, si nécessaire.

- *Éléments probants* : document général sur les fonctions d'inspection, initiatives officielles visant à les rassembler ou à les préciser.

Sous-critère 6.3. **Les différentes structures d'inspection et de mise en application partagent leurs renseignements et leurs dossiers, participent à des dispositifs d'alerte commune et se coordonnent « sur le terrain », en particulier dans des domaines réglementaires connexes.**

Même avec une répartition optimale des responsabilités assurant la plus grande clarté possible, on restera en présence de différentes structures chargées de domaines réglementaires distincts mais connexes – et, en tout état de cause, l'expérience montre que le (non-)respect des règles dans un domaine laisse souvent présager du (non-)respect des règles dans un autre ; il est donc essentiel de partager l'information afin de mieux cibler les contrôles en fonction des risques et afin de gagner en efficience et en efficacité. Les bonnes pratiques à adopter à cette fin englobent des systèmes d'alerte commune[1] ; un partage systématique (ou, à défaut, à la demande) des renseignements et des archives relatifs aux établissements contrôlés ; et une coordination des inspections (partage des plans, inspections communes, etc.).

- *Éléments probants :* **systèmes existants (alerte commune, partage de l'information, etc.), dispositifs institutionnels, programmes communs d'inspection.**

Sous-critère 6.4. **Des dispositifs sont en place ou en cours d'introduction pour renforcer l'efficience grâce à un meilleur partage de l'information, certaines institutions étant les « yeux » et les « oreilles » des autres. On évite de répéter une inspection déjà effectuée et de produire plusieurs rapports sur le même sujet.**

Au-delà d'un simple partage des données et archives officielles, des structures d'inspection différentes peuvent collaborer en vue de gagner en efficience et de mieux pouvoir évaluer les risques, en convenant d'être les « yeux » et les « oreilles » les unes des autres. Dans certains cas, il est possible de convenir qu'un organisme « chef de file » assurera des inspections régulières au sein d'un secteur donné, et qu'il préviendra les autres s'il détecte des problèmes au sein de leur domaine spécifique de compétence. Dans d'autres cas, il sera possible de conférer à tous les inspecteurs de tout ou partie des structures des connaissances de base sur les autres domaines d'inspection, afin de leur permettre de détecter certains risques majeurs lors de leurs visites et d'alerter les autres structures en conséquence.

Il est, de plus possible d'apporter de nouvelles améliorations en matière d'efficience et de réduction de la charge réglementaire en mettant en place des règles et des dispositifs qui empêchent deux structures différentes d'enquêter l'une après l'autre sur la même question, et qui obligent toutes les structures d'État à partager l'information (et donc qui interdisent la production de deux rapports sur le même sujet – règle appelant à « ne dire les choses qu'une fois » adoptée par certains pays).

- *Éléments probants :* **politiques officielles ou protocoles d'accord entre organismes publics, processus et procédures officiels, teneur du programme de formation du personnel.**

---

[1] Tels que les systèmes RASFF et RAPEX de l'Union européenne en matière de sécurité des aliments et des produits.

Sous-critère 6.5. ***L'affectation des ressources et la planification stratégique tiennent compte de l'ensemble des structures travaillant au sein d'un domaine réglementaire.***

Comme indiqué au sujet du Critère 1, il convient d'effectuer la répartition des ressources entre les domaines d'inspection et de mise en application en fonction d'éléments probants et (conformément au Critère 3), de façon proportionnée au risque. Lors de cette répartition, il est essentiel de tenir compte de l'ensemble des institutions, des structures, des échelons, etc. susceptibles d'être concernés, sans se limiter à un seul organisme. Dans la plupart des cas, plusieurs structures participent, peu ou prou, à la mise en œuvre des textes applicables au sein d'un secteur donné, et il est indispensable d'en tenir compte dans l'évaluation des ressources disponibles et nécessaires, et d'éviter de multiplier les ressources affectées à des problématiques qui, au fond, sont identiques (ou étroitement liées). Dans le cadre de tout examen ou de toute planification stratégiques à moyen ou long terme (à quelque niveau que ce soit), il convient donc, à tout le moins, de tenir compte du personnel, des connaissances, des moyens techniques et (si possible) des budgets de toutes les institutions intervenant dans la supervision du domaine réglementaire concerné. Il en va de même pour les bancs d'essai visant à comparer la situation entre un territoire et un autre : il n'est pas possible de procéder à des comparaisons pertinentes sans tenir compte de l'ensemble du domaine réglementaire, et en s'arrêtant à une seule institution alors que plusieurs d'entre elles existent[2].

- *Éléments probants : lignes directrices sur la planification stratégique/les examens stratégiques, teneur des documents relatifs à la planification stratégique et aux examens stratégiques.*

---

[2] Par exemple, dans les domaines de la santé et de la sécurité au travail et de la sûreté des aliments, il est fréquent que plusieurs institutions participent aux inspections et à la mise en application. Il convient donc, dans le cadre de tout exercice d'examen ou de planification, de tenir compte, à tout le moins, de l'ensemble de leurs ressources (même si la planification n'est pas conjointe, elle doit au moins tenir compte de l'existence des autres institutions).

Critère 7. Transparence de la gouvernance

Les structures de gouvernance et les politiques des ressources humaines en matière de mise en application de la réglementation devraient favoriser la transparence, le professionnalisme et un mode de gestion axé sur les résultats. La mise en application de la réglementation devrait être exécutée de façon indépendante par rapport à toute influence politique, et les efforts déployés pour promouvoir le respect de la réglementation devraient être récompensés.

Principales questions :

- Les hauts responsables des institutions chargées des inspections et de la mise en application sont-ils désignés de façon transparente, en fonction de leurs compétences professionnelles et avec aussi peu d'ingérence politique que possible ?

- Est-ce que, pour les grandes décisions et les grands changements au niveau des processus, des procédures et des structures, des décisions collégiales et/ou un contrôle extérieur sont exigés, afin d'éviter tout excès d'instabilité ou tout exercice déraisonné du pouvoir discrétionnaire des hauts responsables ?

- Les parties prenantes sont-elles consultées et représentées dans le cadre de la gouvernance des institutions chargées des inspections et de la mise en application, en particulier pour les décisions d'ordre stratégique ?

- Les structures chargées des inspections et de la mise en application sont-elles dotées de missions, de pouvoirs, de procédures et de dispositifs de financement qui excluent les conflits d'intérêts et d'objectifs ?

- Les décisions prises à tous les niveaux sont-elles fondées sur des critères et des processus transparents, ce qui permet d'assurer la cohérence des décisions de mise en application ainsi que la redevabilité ?

- Les décisions et évolutions stratégiques nécessitent-elles un accord politique (du pouvoir législatif ou du pouvoir exécutif), alors que les décisions opérationnelles sont prises de façon indépendante, et préservées de toute ingérence politique ?

Sous-critère 7.1. **Les hauts responsables des institutions chargées des inspections et de la mise en application sont désignés de façon transparente, en fonction de leurs compétences professionnelles et avec aussi peu d'ingérence politique que possible.**

Il convient de choisir les dirigeants et les autres hauts responsables des structures chargées des inspections et de la mise en application en fonction de leurs compétences professionnelles, et notamment de leurs compétences managériales (et non pas seulement ou principalement en fonction de leurs compétences techniques spécialisées dans le domaine concerné). Il convient, dans la mesure du possible, d'exclure tout choix motivé par un lien, une protection ou toute autre relation d'ordre politique. À cette fin, il convient de suivre des procédures transparentes pour la sélection et la désignation des candidats, avec, notamment, des critères clairs, une publication des postes et un choix effectué par un comité de sélection équilibré plutôt qu'un choix réalisé par un haut responsable politique en dehors de tout regard extérieur, comme c'est souvent le cas. Toutes les précautions doivent être prises pour limiter au maximum l'ingérence politique.

- *Éléments probants*: politiques et procédures de recrutement des hauts responsables.

Sous-critère 7.2. **Pour les grandes décisions et les grands changements au niveau des processus, des procédures et des structures, des décisions collégiales et/ou un contrôle extérieur sont exigés, afin d'éviter tout excès d'instabilité ou tout exercice déraisonné du pouvoir discrétionnaire des hauts responsables.**

Même avec la meilleure procédure possible de sélection des hauts responsables, pour assurer la continuité des pratiques institutionnelles, le professionnalisme et le respect de la stratégie fixée, il faut veiller à ce que les hauts responsables aient peu de possibilités d'imposer unilatéralement des changements aux institutions chargées des inspections. Il faut que tout changement notable sur le plan, par exemple, de la structure interne, des objectifs stratégiques, des indicateurs, des stratégies de gestion des risques et de conformité, etc. ait été décidé par une entité collégiale – et, de préférence, un comité extérieur et indépendant.

- *Éléments probants*: statuts et autres documents officiels décrivant la gouvernance des institutions chargées des inspections et de la mise en application.

Sous-critère 7.3. **Les parties prenantes sont consultées et représentées dans le cadre de la gouvernance des institutions chargées des inspections et de la mise en application, en particulier pour les décisions d'ordre stratégique.**

La représentation des parties prenantes (entreprises, organisations de la société civile, etc.) au sein du comité de direction (ou autre organe similaire) est un avantage considérable, car elle assure plus de transparence et de légitimité et permet à l'institution de se tenir au courant des préoccupations de la population. Il faudrait que la consultation des parties prenantes soit la norme, au moins pour les décisions stratégiques (définition des buts et des indicateurs, adoption de la stratégie de gestion des risques ou de conformité, etc.) – toute comme une consultation des parties prenantes s'impose pour toutes les formes d'analyses d'impact. Les grandes décisions stratégiques en matière d'inspections et de mise en application sont au moins aussi importantes pour les parties prenantes que les textes eux-mêmes, et peuvent avoir autant à gagner à bénéficier de leurs contributions. Ces contributions peuvent être apportées au moyen de consultations *ad hoc* formelles et/ou par le truchement de représentants permanents des parties prenantes au sein de structures de type comités.

- *Éléments probants* : *statuts ou autres documents officiels décrivant la gouvernance des institutions chargées des inspections et de la mise en application, rapports annuels.*

Sous-critère 7.4. **Les structures chargées des inspections et de la mise en application sont dotées de missions, de pouvoirs, de procédures et de dispositifs de financement qui excluent, dans la mesure du possible, les conflits d'intérêts et d'objectifs.**

Les mandats, les missions ou les dispositifs de financement ouvrent de nombreuses possibilités de conflits d'intérêts dans le domaine des inspections et de la mise en application. Si, par exemple, le financement d'une entité dépend du nombre d'inspections qu'elle réalise, cette entité va être incitée à accroître le volume de ses visites, indépendamment des considérations liées aux risques, à l'efficience et à l'efficacité. Si une entité délivre des permis et assure par la suite des contrôles de conformité, mais que la délivrance des permis est source de recettes, elle sera incitée à ne pas tenir compte des problèmes de conformité au stade de la délivrance des permis, ce qui présente un risque pour la sécurité ou pour d'autres aspects de l'intérêt général. Si une entité assure, d'une part, des services marchands (pour lesquels elle entre en concurrence avec d'autres prestataires) et, de l'autre, une mission de mise en application de la réglementation, cela lui confère un avantage indu par rapport à ses concurrents, puisque cela peut pousser les acteurs encadrés à recourir à ses services. Enfin, quand une même entité doit financer, à partir des mêmes ressources, plusieurs missions sans lien les unes avec les autres, il est essentiel qu'elle puisse se référer à des orientations générales sur la façon dont ces ressources doivent être réparties entre ces différentes missions. Si l'une de ces missions exige la collaboration des acteurs encadrés, alors que l'autre peut créer des conflits avec ces acteurs (parce que les incitations ne coïncident pas), il serait nécessaire d'étudier comment gérer au mieux cette contradiction (séparation des fonctions ou des équipes, priorité donnée à l'un des objectifs, changement de méthode). Si des objectifs incompatibles sont confiés à des institutions distinctes censées se coordonner, il convient aussi d'examiner la marche à suivre pour gérer ces conflits.

- *Éléments probants* : *législation, documents officiels (statuts, etc.), documents budgétaires, rapports annuels.*

Sous-critère 7.5. **Les décisions prises à tous les niveaux sont fondées sur des critères et des processus transparents, ce qui permet d'assurer la cohérence des décisions de mise en application ainsi que la redevabilité.**

Il convient d'éviter les décisions opaques et confidentielles. Il est essentiel que toutes les décisions se fondent sur des critères clairs (par ex. : caractère proportionné au risque), des processus transparents prévoyant des possibilités d'appel, etc. L'objectif est d'assurer la cohérence d'un responsable officiel à l'autre et d'une région à l'autre, par exemple, mais aussi d'assurer la redevabilité en permettant d'évaluer les retombées des décisions et de savoir qui les a prises, sur quel fondement, etc.

- *Éléments probants* : **lignes directrices officielles et rapports annuels**

Sous-critère 7.6. **Les décisions et évolutions stratégiques nécessitent un accord politique (du pouvoir législatif ou du pouvoir exécutif), alors que les décisions opérationnelles sont prises de façon indépendante, et préservées de toute ingérence politique.**

Les décisions stratégiques consistent à définir les buts et les objectifs de l'entité, les indicateurs de performance, les stratégies en matière de risques et de conformité, les documents méthodologiques (évaluation des risques et ciblage, gestion de la mise en application, listes de référence, etc.), la structure, l'affectation générale des ressources, la mission des agents, etc. Il est normal que ces aspects requièrent l'approbation du pouvoir exécutif ou législatif, selon les cas. En revanche, les décisions opérationnelles destinées à mettre en œuvre ces décisions stratégiques (planification et ciblage des inspections, répartition des tâches et du personnel, décisions de mise en application) devraient être du ressort exclusif des cadres et des dirigeants de l'entité, sans aucune ingérence des responsables politiques (ou d'autres tiers). Il est essentiel de pouvoir s'appuyer sur des règles juridiques mais aussi sur des dispositifs et des pratiques d'ordre institutionnel susceptibles de garantir cette non-ingérence.

- *Éléments probants : législation et statuts des entités chargées des inspections et de la mise en application, rapports annuels.*

Critère 8. Mise à profit de l'information

Les technologies de l'information et des communications devraient être employées de façon à maximiser la prise en compte des risques, la coordination et le partage de l'information, et à assurer une utilisation optimale des ressources.

Principales questions :

- Les structures chargées des inspections et de la mise en application disposent-elles de données et d'outils informatiques suffisants et récents permettant d'assurer une bonne planification fondée sur les risques et un suivi à l'issue des inspections ?

- Y a-t-il un partage régulier d'information entre les différentes structures et/ou est-il facile de consulter les archives des autres structures – ou, mieux encore, les données sont-elles pleinement intégrées (base de données unique) entre les différentes structures ?

- Les systèmes d'information s'appuient-ils sur des techniques avancées – par ex. : planification automatique, gestion intégrée des ressources, outils mobiles à l'usage des inspecteurs, SIG, etc. ?

- Le partage et l'échange d'information vont-ils au-delà d'une définition étroite des activités d'inspection et de mise en application, et englobent-ils l'immatriculation des entreprises, la délivrance de permis, la santé publique, etc. ?

Sous-critère 8.1. **Les structures chargées des inspections et de la mise en application disposent de données et d'outils informatiques suffisants et récents permettant d'assurer une bonne planification fondée sur les risques et un suivi à l'issue des inspections.**

Pour bien cibler l'activité sur les risques et pour assurer une mise en application efficace, il faut pouvoir s'appuyer sur des données robustes et sur de bons outils de gestion de ces données. S'agissant des données, une base de données exhaustive des acteurs supervisés, et notamment de leurs principales caractéristiques en lien avec les risques (activités, périmètre, emplacement, antécédents) est indispensable. S'agissant des outils de gestion des données, un système de gestion des dossiers, des archives et des flux de travail constitue un atout considérable. Combiner ces deux aspects constitue la meilleure solution pour assurer au mieux l'efficience et le ciblage.

- *Éléments probants* : existence de systèmes informatiques, disponibilité des fonctions et des données.

Sous-critère 8.2. **Il y a un partage régulier d'information entre les différentes structures et/ou il est facile de consulter les archives des autres structures – ou, mieux encore, les données sont pleinement intégrées (base de données unique) entre les différentes structures.**

Comme indiqué au sujet des sous-critères 6.3 et 6.4, il est essentiel de partager l'information rapidement et régulièrement. Il convient d'organiser les systèmes informatiques de façon à ce que ce partage d'information s'effectue de façon aussi automatique que possible, ou du moins très facilement. Idéalement, il faudrait que tout ou partie des entités utilisent la même base de données, à charge pour chacune d'entre elles de l'alimenter. Dans le cadre d'un tel dispositif, chaque entité serait en mesure de consulter toutes les données de la base afin d'améliorer son ciblage et sa réactivité, et la mutualisation des efforts et des ressources lui permettrait de disposer de données plus complètes, mais aussi plus récentes.

- *Éléments probants* : existence de systèmes d'échange ou d'intégration des données.

Sous-critère 8.3. **Les systèmes d'information s'appuient sur des techniques avancées – par ex. : planification automatique, gestion intégrée des ressources, outils mobiles à l'usage des inspecteurs, SIG, etc.**

Pour rendre les travaux plus efficients et mieux les cibler, il convient de faire le plus large emploi possible de la planification automatique (en fonction des critères de risque et des profils de risque des établissements enregistrés dans le système), des outils mobiles à l'usage des inspecteurs (ordinateurs portables, tablettes ou téléphones assortis de listes de référence, d'applications mobiles ou d'autres instruments permettant de consigner directement les constatations, de rechercher un complément d'information, etc.) et des systèmes d'information géographique (SIG) permettant de mieux analyser les données, de repérer des situations se répétant et de localiser les locaux à inspecter. Il devient de plus en plus judicieux de recourir activement aux réseaux sociaux pour trouver des indications pertinentes.

- *Éléments probants* : existence de fonctions de planification automatique, outils mobiles, SIG, etc.

*Sous-critère 8.4. **Le partage et l'échange d'information vont au-delà d'une définition étroite des activités d'inspection et de mise en application, et englobent l'immatriculation des entreprises, la délivrance de permis, la santé publique, etc.***

Pour mieux cibler l'activité en fonction des risques, il est essentiel d'obtenir des données sur les cas de contamination, de préjudices corporels et d'accidents, etc. auprès des services publics de santé et de secours. De même, tenir une liste à jour des éléments soumis à contrôle implique d'être en interface constante avec les systèmes d'immatriculation des entreprises et de délivrance des permis et des autorisations (par ex. : permis de construire). Plus ces systèmes peuvent être intégrés et plus l'information requise est disponible, plus le système d'inspection peut devenir efficace et réellement fondé sur les risques.

- *Éléments probants : échange de données avec les services extérieurs aux services d'inspection, disponibilité des données, existence de procédures, etc.*

Critère 9. Clarté et équité des procédures

Les pouvoirs publics devraient veiller à la clarté des règles et des procédures de mise en application et d'inspection. Il convient d'adopter et de faire connaître des règles cohérentes pour l'organisation des inspections et de la mise en application, et d'énoncer clairement les droits et les obligations des agents publics et des entreprises.

> **Principales questions :**
> - La législation relative aux inspections et à la mise en application est-elle aussi unifiée que possible, et énonce-t-elle clairement les droits, les obligations, les pouvoirs et les procédures ?
> - Existe-t-il une liste complète des organismes, structures ou fonctions d'inspection (selon les cas), et indique-t-elle clairement qui contrôle quel secteur et quels aspects ?
> - Existe-t-il des possibilités suffisantes et jugées dignes de confiance de faire appel des décisions et de faire des signalements, et ces possibilités font-elles l'objet d'une large publicité ? Les données relatives aux appels et aux signalements sont-elles régulièrement passées en revue et prises en compte ?
> - Les processus de décision, les droits et obligations et les pouvoirs des inspecteurs sont-ils clairs pour tous, transparents et équilibrés ? Jettent-ils des bases solides au service de décisions proportionnées aux risques, avec une marge d'appréciation suffisante mais encadrée ?

Sous-critère 9.1. ***La législation relative aux inspections et à la mise en application est aussi unifiée que possible, et énonce clairement les droits, les obligations, les pouvoirs et les procédures.***

Il est impossible d'unifier tous les textes intéressant les inspections et la mise en application, mais il est utile d'harmoniser au moins les dispositions de base relatives aux institutions, aux pouvoirs des agents, aux principes et aux principales procédures. Cela permet de gagner en clarté et en transparence, mais aussi de formaliser des principes de bonne pratique (gestion des risques, centrage sur la conformité, réactivité, etc.) au sein d'un document unique.

- *Éléments probants : existence d'une législation couvrant les principaux aspects des activités d'inspection et de mise en application.*

Sous-critère 9.2. ***Il existe une liste complète des organismes, structures ou fonctions d'inspection (selon les cas), et elle indique clairement qui contrôle quel secteur et quels aspects.***

Pour assurer une prévisibilité, pour permettre aux acteurs contrôlés d'exercer leurs droits et pour donner au grand public des moyens de demander des comptes aux autorités, il est essentiel de savoir quelles institutions ont le pouvoir d'inspecter et de contrôler quels aspects. Or, c'est trop souvent presque impossible, en raison de la prolifération des structures et des pouvoirs. Il est extrêmement utile de rassembler toutes ces indications au sein d'un document officiel unique.

- *Éléments probants : existence d'une liste synthétique des services d'inspection.*

Sous-critère 9.3. ***Il existe des possibilités suffisantes et fiables de faire appel des décisions et de faire des signalements, et ces possibilités font l'objet d'une large publicité. Les données relatives aux appels et aux signalements sont régulièrement passées en revue et prises en compte.***

Les acteurs encadrés sont souvent réticents à faire appel des décisions des inspecteurs, parce qu'ils craignent de porter atteinte aux rapports qu'ils entretiennent avec les institutions qui sont appelées à continuer de les inspecter à l'avenir. C'est une raison supplémentaire de faciliter les procédures d'appel et d'offrir aux acteurs encadrés (par le truchement d'instances administratives d'appel ou d'instances similaires) des possibilités d'obtenir sans délai le réexamen de leur dossier par une instance indépendante de celle qui a pris la décision d'origine. De même, il convient d'offrir des possibilités de signaler en toute confiance et de façon anonyme tout abus de pouvoir. Inversement, les citoyens, les consommateurs, les travailleurs, etc. doivent bénéficier de possibilités simples d'effectuer des signalements au sujet des acteurs encadrés ; ces possibilités doivent être largement rendues publiques, et les auteurs des signalements doivent être informés de la suite qui leur est donnée (étant précisé que, conformément au critère 3, ces signalements doivent être examinés à la lumière du principe de proportionnalité par rapport aux risques).

- *Éléments probants : description des procédures d'appel et de signalement, données sur le recours à ces procédures, indications sur les suites données à ces procédures dans les rapports annuels et/ou les documents stratégiques.*

Sous-critère 9.4. ***Les processus de décision, les droits et obligations et les pouvoirs des inspecteurs sont clairs pour tous, transparents et équilibrés. Ils jettent des bases solides au service de décisions proportionnées aux risques, avec une marge d'appréciation suffisante mais encadrée.***

Que ce soit dans la législation cadre relative aux inspections (si elle existe) ou dans les textes spécifiques aux diverses structures d'inspection, les processus de décision, les pouvoirs et les droits des inspecteurs (et leurs limites), les droits et obligations des acteurs encadrés ainsi que les procédures d'appel et de signalement devraient être clairement énoncés. Les indications correspondantes devraient, de plus, être aisément accessibles. Il est également important que les inspecteurs bénéficient de pouvoirs suffisants pour remplir leur mission, mais avec des garde-fous significatifs pour éviter les abus et préserver les droits fondamentaux des acteurs encadrés. Il convient de faire explicitement référence à la proportionnalité et aux risques, et de fournir des précisions quant aux limites de la marge d'appréciation laissée aux inspecteurs.

- *Éléments probants :* processus, pouvoirs et droits définis dans les textes législatifs et réglementaires et les autres documents officiels.

Critère 10. Promotion du respect de la réglementation

Il convient de promouvoir la transparence et le respect de la réglementation en recourant à des instruments appropriés tels que lignes directrices, boîtes à outils et listes de référence.

Principales questions :

- Considère-t-on qu'il appartient aux structures d'inspection et de mise en application de favoriser et d'accompagner le respect des textes, en évitant de s'en remettre au principe du « Nul n'est censé ignorer la loi » et de considérer que les activités de conseil relèvent du ressort de consultants privés ?

- Les régulateurs et les structures d'inspection et de mise en application analysent-ils de façon active et régulière les obstacles au respect des textes et œuvrent-ils à les aplanir, notamment en matière d'information ?

- Des éléments d'information, des conseils et des orientations sont-ils fournis au moyen d'un large éventail d'outils complémentaires de type guides clairs, concrets et faciles à trouver, activités de communication ou encore conseils de terrain ?

- Existe-t-il des fondements juridiques à la pratique des « avis autorisés », et y a-t-on autant recours que possible afin d'accroître la certitude juridique ?

- Évalue-t-on les performances des structures d'inspection et de mise en application et de l'ensemble du dispositif réglementaire à la lumière du niveau de respect des textes (et des retombées sur l'intérêt général) plutôt qu'à la lumière du nombre de manquements détectés (et sanctionnés) ?

Sous-critère 10.1. ***On considère qu'il appartient aux structures d'inspection et de mise en application de favoriser et d'accompagner le respect des textes, en évitant de s'en remettre au principe du « Nul n'est censé ignorer la loi » et de considérer que les activités de conseil relèvent du ressort de consultants privés.***

On continue trop souvent de considérer que connaître la loi relève de la responsabilité exclusive des acteurs encadrés, alors que le principe selon lequel nul n'est censé ignorer la loi a été énoncé à une époque où le nombre de textes, leur longueur et leur complexité étaient sans commune mesure avec ce qu'ils sont actuellement. De même, pour excuser l'absence d'efforts actifs visant à informer les acteurs encadrés et à favoriser le respect des textes grâce à des conseils clairs et concrets, on argue souvent que ces activités sont du ressort du secteur privé et des cabinets de conseil. Aucun de ces arguments n'est valable.

À une époque où, en réponse à des risques nouveaux et à des attentes croissantes, les États adoptent des textes nombreux et complexes, il ne saurait suffire de considérer que les entreprises et les particuliers n'ont qu'à se tenir informés et à comprendre d'euxmêmes les attentes qui pèsent sur eux. Favoriser et accompagner le respect des textes applicables devrait constituer une priorité et une fonction centrale des structures d'inspection et de mise en application. Cet aspect de leur mission devrait être prévu par la législation et évoqué dans le mandat officiel de chaque structure, et des ressources importantes devraient être affectées à l'élaboration et à la diffusion d'orientations et de renseignements à l'intention des acteurs encadrés, surtout ceux qui n'ont pas les ressources requises pour obtenir ou comprendre d'eux-mêmes ces indications (les PME, par exemple).

- *Éléments probants* : **vision officielle en matière d'inspections, législation cadre, documents stratégiques, etc.**

Sous-critère 10.2. ***Les régulateurs et les structures d'inspection et de mise en application analysent de façon active et régulière les obstacles au respect des textes et œuvrent à les aplanir, notamment en matière d'information.***

Pour accroître le degré de respect des textes, il faut comprendre ce qui entrave ce respect ; ainsi, la réglementation peut être mal connue ou mal comprise, il peut y avoir un problème de manque de ressources, ou encore la réglementation peut être mal conçue. Les structures d'inspection et de mise en application devraient assurer aux décideurs publics un retour d'information sur la conception des textes et sur les problèmes de ressources. Elles peuvent aussi lutter directement contre les déficits d'information. Ainsi, il est essentiel qu'elles examinent et évaluent les obstacles au respect des textes (à la lumière des constatations de leurs propres inspecteurs), et cela devrait constituer l'une de leurs activités essentielles.

- *Éléments probants* : **rapports annuels et documents stratégiques.**

Sous-critère 10.3. **Des éléments d'information, des conseils et des orientations sont fournis au moyen d'un large éventail d'outils complémentaires tels que des guides clairs, concrets et faciles à trouver, des activités de communication ou encore des conseils de terrain.**

Il convient de recourir à différents moyens d'information en fonction des questions et des publics visés, et les structures d'inspection devraient tous les employer activement. Il convient d'établir des documents d'orientation concrets, clairs et couvrant les activités et les questions réglementaires les plus courantes, ainsi que les principaux risques. Il convient aussi de diffuser activement ces documents, y compris au moyen de portails internet uniques (une information dispersée étant souvent impossible à trouver). Il convient également de suivre une démarche active de communication à l'égard des jeunes entreprises, des syndicats professionnels, des secteurs les plus problématiques, etc., en s'appuyant sur des visites, des conférences, une information en ligne, etc. Il convient, enfin, de faire des visites d'inspection des occasions importantes d'informer, d'expliquer et de conseiller.

Les orientations doivent être élaborées et fournies avec beaucoup de soin. Les orientations ne doivent pas s'écarter de la trajectoire définie par le cadre réglementaire global. Il faut veiller à la corrélation entre les orientations et le cadre réglementaire. Les lignes directrices, boîtes à outils et listes de référence ne doivent pas constituer une surenchère par rapport à ce cadre réglementaire (phénomène de « surréglementation »).

- *Éléments probants : existence de documents d'orientation, portails de communication, rapports annuels sur les activités de communication.*

Sous-critère 10.4. **Il existe des fondements juridiques à la pratique des « avis autorisés », et on y a autant recours que possible afin d'accroître la certitude juridique.**

La pratique de l'« avis autorisé » consiste à fournir aux acteurs encadrés un avis officiel émanant de leur régulateur, avec la garantie juridique que, s'ils suivent cet avis, ils ne seront pas considérés comme en manquement, même si, ultérieurement, un autre responsable public interprète différemment la situation. Au pire, s'il s'avère ultérieurement que le premier avis officiel était erroné (ou si les règles ont changé), l'acteur encadré devra se mettre en conformité, mais sans subir de sanction, et sans que sa responsabilité soit mise en cause. Une telle pratique existe dans un certain nombre de pays, sous des appellations diverses[1], mais elle suscite souvent des résistances, et elle peut être empêchée (ou du moins entravée) par l'existence de conflits entre normes juridiques. Il est donc fortement conseillé de lui donner un solide fondement juridique, voire de faire en sorte que les autorités d'inspection soient juridiquement liées par leurs propres avis[2]. Toutefois, il convient de concevoir cette pratique de façon à ne pas dissuader les inspecteurs d'exprimer des avis dans le cadre d'échanges plus informels avec les acteurs encadrés. En outre, la fourniture d'avis de cet ordre ne libère pas les acteurs inspectés de l'obligation de déterminer eux-mêmes la marche à suivre pour respecter la réglementation. Une fois qu'un acteur encadré a reçu un « avis autorisé », il ne devrait pas être tenu de suivre des avis incompatibles formulés par d'autres sources. Il

---

[1] Voir par exemple, en France, le « rescrit fiscal », https://www.service-public.fr/particuliers/vosdroits/f13551.

[2] Comme c'est le cas en Lituanie, aux termes de la Loi sur l'administration publique.

convient donc de mettre les « avis autorisés » à la disposition des autres autorités de mise en application, par exemple grâce à un système de partage d'information. S'il est rarement possible que tous les avis soient des avis « autorisés », l'objectif serait de faire en sorte que ce soit le cas dans toute la mesure du possible, afin d'accroître la certitude juridique et d'améliorer les niveaux de respect des textes en incitant fortement les acteurs encadrés à solliciter des avis et à les suivre. Il faut que la distinction soit claire entre les moments où un inspecteur fournit des conseils d'ordre général et ceux où il fournit un « avis autorisé ».

- *Éléments probants : loi cadre ou autre texte législatif (ou, à défaut, texte réglementaire) prévoyant la possibilité des « avis autorisés , existence de dispositifs institutionnels permettant de fournir ces avis[3].*

---

[3] Par exemple, dispositif de l'« autorité principale » (*primary authority*) au Royaume-Uni.

Critère 11. Professionnalisme

La formation et l'encadrement des inspecteurs devraient garantir le professionnalisme, l'intégrité, la constance et la transparence. Cela implique une formation approfondie, axée non seulement sur des compétences techniques mais aussi sur des compétences générales en matière d'inspection, et des directives officielles à l'intention des inspecteurs afin de garantir la constance et l'équité.

Principales questions :

- La profession d'« inspecteur[1] » est-elle définie en tant que telle, et combine-t-elle des compétences d'ordre technique (sectorielles) et des compétences « de base » en matière de gestion des risques, de promotion du respect des textes, etc. ? Le professionnalisme constitue-t-il le fondement du pouvoir d'appréciation en fonction des risques ?

- Procède-t-on à une formation des agents chargés des inspections et de la mise en application lors de leur embauche puis pendant tout le reste de leur carrière, afin que leurs connaissances restent à jour et que leurs méthodes de travail restent adaptées ?

- Évalue-t-on régulièrement les aptitudes des membres du personnel et les capacités globales des organisations au sein desquelles ils travaillent ? Des efforts sont-ils déployés pour renforcer continuellement ces aptitudes et ces capacités ?

---

[1] L'appellation peut varier d'un pays à l'autre.

Sous-critère 11.1. **La profession d'« inspecteur » est définie en tant que telle, et elle combine des compétences d'ordre technique (sectorielles) et des compétences « de base » en matière de gestion des risques, de promotion du respect des textes, etc. Le professionnalisme constitue le fondement du pouvoir d'appréciation en fonction des risques.**

Réaliser des inspections et assurer la mise en application des textes est un métier, qu'il ne faut pas confondre avec le fait d'être doté d'une spécialité technique (sur une question spécifique liée à l'environnement ou à la santé, par exemple). Des connaissances et des compétences techniques sont *nécessaires* à l'exercice de la profession d'inspecteur, mais elles ne sont pas *suffisantes*. Dans la définition du métier d'inspecteur, il est important de ne pas l'assimiler à celui de spécialiste technique, et cela implique de définir les compétences devant être réunies par les inspecteurs ; ceux-ci doivent savoir comprendre et gérer les risques ; communiquer et conseiller ; favoriser et accompagner le respect des textes ; enquêter ; etc. Seuls des inspecteurs de profession, comprenant pleinement leur mission et les outils dont ils disposent pour la mener à bien (ainsi que les limites de ces outils), peuvent exercer judicieusement leur pouvoir d'appréciation. Ces principes applicables à la profession d'inspecteur doivent être officiellement énoncés, et ils doivent guider les pratiques de recrutement, les descriptions de poste, la formation et l'évaluation des inspecteurs et de leurs performances.

- *Éléments probants :* document(s) officiel(s) décrivant le rôle des inspecteurs et les principaux critères applicables s'agissant de leurs qualifications.

Sous-critère 11.2. **On procède à une formation des agents chargés des inspections et de la mise en application lors de leur embauche puis pendant tout le reste de leur carrière, afin que leurs connaissances restent à jour et que leurs méthodes de travail restent adaptées.**

En application du cadre professionnel évoqué ci-dessous, il est nécessaire d'élaborer et d'exécuter des programmes de formation à l'intention des inspecteurs, aussi bien initialement (avant ou juste après leur recrutement) que tout au long de leur carrière. La formation initiale peut intervenir dans un cadre universitaire (avec des cursus spécifiques) ou en dehors d'un tel cadre, et diverses approches peuvent être suivies pour la formation continue. L'important est que les inspecteurs reçoivent à la fois une solide formation technique (avec des « remises à niveau » régulières) et une formation à leurs fonctions et à l'exercice de celles-ci (et qu'ils soient tenus informés, tout au long de leur carrière, des nouveautés intervenues au niveau des constatations, des méthodes, etc.).

- *Éléments probants : document(s) officiel(s) sur la formation, y compris le programme de formation, rapports annuels.*

Sous-critère 11.3. ***On évalue régulièrement les aptitudes des membres du personnel et les capacités globales des organisations au sein desquelles ils travaillent. Des efforts sont déployés pour renforcer continuellement ces aptitudes et ces capacités.***

Exiger des compétences et assurer une formation ne suffit pas si on ne met pas en place des évaluations régulières visant à repérer les lacunes et les besoins et à apporter des améliorations. Les évaluations devraient porter, non seulement sur les capacités individuelles des agents (par le truchement d'autoévaluations et d'évaluations des performances), mais aussi sur les capacités des services d'inspection dans leur ensemble.

- *Éléments probants : procédures et outils officiels d'évaluation, rapports annuels (pour le suivi)*

Critère 12. Performances effectives

Les institutions chargées de la mise en application et des inspections, ainsi que le système de mise en application et d'inspection dans son ensemble, devraient produire les niveaux de performance attendus – en termes de satisfaction des parties prenantes, d'efficience (comparaison coûts/avantages) et d'efficacité globale (sécurité, santé, protection de l'environnement, etc.).

> **Principales questions :**
> - Assure-t-on un suivi régulier des performances des institutions chargées des inspections et de la mise en application (satisfaction, efficience, efficacité) ?
> - Le niveau de satisfaction et de confiance des parties prenantes (entreprises, société civile) est-il stable, ou en progression ?
> - Les performances en termes de préservation du bien-être social et/ou de maîtrise des risques sont-elles stables, ou en progression (en tenant compte des éventuels chocs extérieurs) ?
> - L'efficience (rapport entre, d'un côté, les performances en termes de bien-être social et, de l'autre, les coûts pour l'État et la charge pour les acteurs encadrés) est-elle stable, ou en progression ?

Sous-critère 12.1. ***Un suivi régulier des performances des institutions chargées des inspections et de la mise en application est assuré (satisfaction, efficience, efficacité).***

Par toute une gamme de moyens (enquêtes, statistiques officielles ou observation directe lorsque c'est possible, évaluations d'experts, consultations, etc.), il convient d'assurer un suivi régulier des indicateurs clés de performance : la satisfaction et la confiance (chez les acteurs encadrés, les citoyens, les consommateurs, etc.), l'efficience (coût pour les finances publiques, charge pour les acteurs encadrés) et l'efficacité (sécurité, santé, protection de l'environnement, etc.). Si la collecte de données s'accompagne de difficultés et de coûts non négligeables, ce suivi des performances est absolument indispensable au bon fonctionnement du système et à son amélioration, et il devrait être à la base d'un processus régulier d'évaluations, d'examens et, si nécessaire, de changements et de réformes.

- *Éléments probants : disponibilité des données (avec un degré suffisant de régularité et de qualité)*

Sous-critère 12.2. ***Le niveau de satisfaction et de confiance des parties prenantes (entreprises, société civile) est stable, ou en progression.***

Il convient de mesurer ce niveau au moyen d'enquêtes ciblées et/ou d'outils qualitatifs (par ex. groupes cibles), de consultations en ligne, etc. Il faut mettre en balance, d'un côté, la satisfaction et la confiance des acteurs encadrés (à l'égard du professionnalisme des inspecteurs, des conseils fournis, etc.) et, de l'autre, l'avis de ceux que la réglementation est censée protéger (citoyens, consommateurs, travailleurs, etc.). Bien entendu, le niveau de satisfaction des parties prenantes ne saurait être le seul indicateur de succès (voir les autres sous-critères), puisqu'un manque d'information ou certains biais des parties prenantes peuvent influer sur ce niveau. Il s'agit néanmoins d'un indicateur très important.

- *Éléments probants : données tirées d'enquêtes auprès des entreprises, de groupes cibles, etc. montrant une évolution positive.*

Sous-critère 12.3. ***Les performances en termes de préservation du bien-être social et/ou de maîtrise des risques sont stables, ou en progression (en tenant compte des éventuels chocs extérieurs).***

Les activités d'inspection et de mise en application n'ont qu'une influence indirecte et limitée sur les objectifs qu'elles visent à servir (sécurité, santé, etc.). Il convient donc d'évaluer leurs performances en termes de tendance (tendance à l'amélioration ou à la régression), et en tenant compte des chocs externes. Il est également crucial de tenir compte de la qualité des données, qui peut poser problème dans certains cas, en recourant à diverses sources, études, systèmes de suivi, etc., ainsi qu'à des études *ad hoc* quand les données existantes sont vraiment insuffisantes.

- *Éléments probants : données en provenance de sources officielles, complétées, si possible, par des études ou un suivi indépendants (y compris au moyen d'enquêtes), montrant une évolution positive.*

Sous-critère 12.4. ***L'efficience (rapport entre, d'un côté, les performances en termes de bien-être social et, de l'autre, les coûts pour l'État et la charge pour les acteurs encadrés) est stable, ou en progression.***

Les activités d'inspection et de mise en application entraînent des coûts pour l'État et constituent une charge pour les acteurs encadrés, et il convient de suivre régulièrement ces coûts et cette charge (y compris au moyen d'enquêtes auprès des acteurs encadrés), afin pouvoir les comparer à l'efficacité de ces activités.

- *Éléments probants : données en provenance de sources officielles (coûts budgétaires, rapports annuels), complétées, si possible, par des enquêtes ou d'autres exercices de mesure (par ex. : études fondées sur le modèle des coûts standards), montrant une évolution positive.*

Références

OCDE (2014), *Principes de bonnes pratiques de l'OCDE pour la politique de la réglementation: Contrôle et mise en œuvre de la réglementation*, Éditions OCDE, Paris, https://dx.doi.org/10.1787/9789264208926-fr. [1]

OCDE (2012), *Recommandation du Conseil concernant la politique et la gouvernance réglementaires*, Éditions OCDE, Paris, https://dx.doi.org/10.1787/9789264209039-fr. [2]

OCDE (2010), *Better Regulation in Europe: Netherlands 2010*, Better Regulation in Europe, Éditions OCDE, Paris, https://dx.doi.org/10.1787/9789264084568-en. [3]

ORGANISATION DE COOPÉRATION ET DE DÉVELOPPEMENT ÉCONOMIQUES

L'OCDE est un forum unique en son genre où les gouvernements oeuvrent ensemble pour relever les défis économiques, sociaux et environnementaux que pose la mondialisation. L'OCDE est aussi à l'avant-garde des efforts entrepris pour comprendre les évolutions du monde actuel et les préoccupations qu'elles font naître. Elle aide les gouvernements à faire face à des situations nouvelles en examinant des thèmes tels que le gouvernement d'entreprise, l'économie de l'information et les défis posés par le vieillissement de la population. L'Organisation offre aux gouvernements un cadre leur permettant de comparer leurs expériences en matière de politiques, de chercher des réponses à des problèmes communs, d'identifier les bonnes pratiques et de travailler à la coordination des politiques nationales et internationales.

Les pays membres de l'OCDE sont : l'Allemagne, l'Australie, l'Autriche, la Belgique, le Canada, le Chili, la Corée, le Danemark, l'Espagne, l'Estonie, les États-Unis, la Finlande, la France, la Grèce, la Hongrie, l'Irlande, l'Islande, Israël, l'Italie, le Japon, la Lettonie, la Lituanie, le Luxembourg, le Mexique, la Norvège, la Nouvelle-Zélande, les Pays-Bas, la Pologne, le Portugal, la République slovaque, la République tchèque, le Royaume-Uni, la Slovénie, la Suède, la Suisse et la Turquie. La Commission européenne participe aux travaux de l'OCDE.

Les Éditions OCDE assurent une large diffusion aux travaux de l'Organisation. Ces derniers comprennent les résultats de l'activité de collecte de statistiques, les travaux de recherche menés sur des questions économiques, sociales et environnementales, ainsi que les conventions, les principes directeurs et les modèles développés par les pays membres.

ÉDITIONS OCDE, 2, rue André-Pascal, 75775 PARIS CEDEX 16
ISBN 978-92-64-60049-2 – 2019